JN202112

A New Era of Platform

プラットフォーム新時代

ブロックチェーンか、協同組合か

アント・チャンドラ　伊藤富雄　松尾匡　渡辺草太　Fairbnb　ODEM

齋藤隼飛 編

社会評論社

Photograph by Naoya Tajikawa

はじめに

　「月歩双書」は、テクノロジーと社会思想をつなぐ架け橋の役割を担うことを目的としたシリーズである。2010年代以降、テクノロジーの進歩が顕著に見られる一方で、私たち人間は立ち止まり、十分に時間をとって思考することはできているだろうか。社会にイノベーションをもたらす"スタートアップ"が社会変革と結びつき、過去の遺産に縛られる大企業が"レガシー"と呼ばれる時代だ。プルードンの人民銀行、イヴァン・イリイチの脱学校論といった、かつて一世を風靡した社会思想は、ブロックチェーン技術の登場によって、現実味を帯びた構想になりつつある。そんな社会において、私たち人間は、どのような世界を理想とするべきなのだろうか。

　どうしたって技術は進歩する。だが、テクノロジーが社会のあり方を規定するわけではない。問題は人間がそれをどう捉えるかだ。腰を据え、耳をすませ、目をこらし、議論を交わした先に、

新たな潮流が生まれる。テクノロジーが社会に与える影響について、社会思想を交え、そして現場の声に耳を傾けながら考え抜いていく作業は、手軽な情報ばかりが先行する現代社会において、大きな価値を持つものになると信じている。

　そうした理念を持って、「月歩」編集部が創刊号のテーマに選んだのは、"プラットフォーム"だ。配車サービスの Uber や民泊サービスの Airbnb といったプラットフォームビジネスの登場は、若い人々の働き方を劇的に変化させた。"シェアリングエコノミー"とも呼ばれるこの新たな経済圏は、一方で、新たな労働問題を生みだしている。ニック・スルニチェクは、企業がプラットフォームを占有し、利潤を得るこの仕組みを"プラットフォーム資本主義"と批判する。そうした矛盾が浮き彫りになった時、この経済システムを乗り越える勢力として登場したのが、"プラットフォーム協同組合"と、ブロックチェーン技術を後ろ盾とした"分散型（非中央集権型）プラットフォーム"だ。本書ではこの二つシステムが台頭する来たる時代を「プラットフォーム新時代」と想定し、その実像に迫っていく。

　この目的を果たす為、本書では地域や職業を問わず、プラットフォームビジネスについて様々な知見を持つ方々に集結していただいた。香港理工大学のヤント・チャンドラ准教授は、「プラットフォーム協同組合──民衆のための人間的な組織モデル」と題し、世界で台頭するプラットフォーム協同組合の取り組みや既存の協同組合との接点について論じる。プラットフォーム資本主義が抱える矛盾について国内でいち早く発信していた伊藤富雄コワーキング協同組合代表理事は、「コワーキングの精神とプラットフォーム協同組合の展望」と題し、プラットフォーム型協働組織のあるべき姿について論じている。実際にプラットフォームビジネスの現場で働く若者たちの声は、インタビュー「プラットフォームビジネスで働く若者たち」でご紹介する。ここで若者た

ちが指摘するプラットフォームの利点と矛盾を的確に捉え、民泊プラットフォーム協同組合を設立したのが Fairbnb だ。共同創設者のジョナサン・レイエスに、2019 年現在 5 カ国で活動する同組合の理念と取り組みについて聞いた。特別対談「ブロックチェーンはプラットフォームをどう変えるか」では、立命館大学の松尾匡教授と、ブロックチェーン研究に取り組む弱冠 20 歳の渡辺草太による対談を収録。渡辺草太がブロックチェーンの仕組みと魅力を解説し、松尾匡は経済学者の視点から、ブロックチェーンがもたらす社会変革の可能性について考察する。そして、分散型プラットフォームの領域においても、現場に目を向ける。スイスを拠点に、ブロックチェーンを基盤にした"分散型教育プラットフォーム"の開発を進める O D E M（On-Demand Education Market）に独占取材を敢行。テクノロジーによって教育の脱中央集権化を実現する"学校"のオルタナティブが、どこまで現実味を帯びたプロジェクトとなっているのか、刮目してご覧いただきたい。

　　Ｇ Ａ Ｆ Ａ をはじめとするプラットフォームビジネスは人々の生活に入り込み、今や生活になくてはならない存在となった。人々は世界の在り方に疑問を抱いたとき、常にオルタナティブを模索し続けてきた。本書では、次の世界の在り方に思考を巡らせ、それを自らの手で作り出そうと実践に取り組む人々の声を取り上げる。本書がこうした人々の取り組みを広く世間に伝え、人々の思考と行動を喚起する一助になることを願ってやまない。

2019 年 9 月

　「月歩」編集部 編集長　齋藤隼飛

第3章
ブロックチェーンが変えるプラットフォーム

第 1 章

プラットフォーム協同組合の現在と未来

Uber や Airbnb が市場を席巻するシェアリングエコノミー。アメリカのマルキスト、ニック・スルニチェクは企業がプラットフォームを占有する現代社会の在り方を"プラットフォーム資本主義"と批判した。プラットフォーム資本主義が抱える問題点とはどこにあるのか。そして、そのオルタナティブとして登場した「プラットフォーム協同組合」とは、どのような理念の組織なのか。プラットフォーム協同組合の取り組みについて積極的に発信を続ける香港理工大学准教授のヤント・チャンドラ准教授、コワーキングの現場からプラットフォーム協同組合の動向を注視してきた伊藤富雄コワーキング協同組合代表理事の論考からプラットフォームの世界を紐解く。

ヤント・チャンドラ

Dr. Yanto Chandra ／蔡振榮
香港理工大学准教授

専門は、社会的企業、ソーシャル・イノベーション、
インパクト投資、非営利団体の運営戦略など。

　テクノロジーへの熱狂と資本主義への失望という相反する二つの感情をつなぐ第三の道は、プラットフォーム協同組合にある————。協同組合の精神を引き継ぎ、テクノロジーを駆使するプラットフォーム協同組合は、プラットフォームビジネスが抱える矛盾を乗り越え、世界中で拡大を続けている。だが、既存の協同組合が直面してきた諸問題に、プラットフォーム協同組合はどのように立ち向かっていくのか。

　本邦初、プラットフォーム協同組合の定義と課題、そしてその可能性を示した"プラットフォーム協同組合論"序論。

プラットフォーム協同組合
──民衆のための人間的な組織モデル──

Written by: Dr. Yanto CHANDRA (蔡振榮)

ヤント・チャンドラ

現代社会を取り巻く二つの潮流

現代社会を形成する二つの巨大な潮流を挙げるとすれば、おそらくこの二つが挙げられるだろう──世界的なテクノロジーへの熱狂と、資本主義への失望だ。テクノロジー、特に情報通信技術（ＩＣＴ）は、いわゆるグローバル・ギグエコノミーの中で、誰であれ、どこからでも参加できる新たな領域を開拓している（Uber のドライバーたちが良い例である）。「自分が自分のボスになる」、または「空き時間に働く」とは、人々がこのギグエコノミーに参加する理由としてよく使われるフレーズだ。アメリカや西ヨーロッパ、または日本のように発展した経済体制においては、このギグエコノミーは、よく考え抜かれた経済システムというよりも、思いがけずに生まれた産物であった。グローバル経済が再構築されていく中で、企業が効率性を追求し、ＩＣＴとオートメーションを積極的に導入したことにより、正規雇用は消失し、"非正規雇用"は増加した。企業は様々な経済的理由から、固定費（労働者の給料や賃金など）を削減したいのだ。

たどりついた一つのコンセンサス

不都合な真実は、今日も数世紀前も、いつの時代においても、

労働者たちが交渉で弱い立場に置かれているということだ。決定権は常に資本家の側にあった。資本家たちは企業帝国を作りだし、税金を納め、雇用を生み出す（確かに、彼女ら／彼らは良き市民だと言える）。それゆえに、経済に決定的な影響を及ぼし、国を導く政治家たちに対して、資本家が影響力を持たないということは考えにくい。資本家が経済にとって良いことをしていないというわけではない。だが、生産システムの中で利害関係者に、とりわけ労働者たちに、どのように利益分配が行われるかということが、問題と議論の核心である。世界中の経済学者と民間人——一般人から中流階級、教養のある専門家に至るまで——は、国境をこえて一つのコンセンサスを得た。それは、資本主義はフェアなゲームではないということである。どうすれば、たった8人の大富豪（2016年には62人だった）が、地球上の人口の半分を占める最貧困層36億人分と同額の富を所有する（Oxfam, 2017）ことができるというのだろうか。

リチャード・D・ウルフの主張

　カール・マルクス本来の思想を踏襲する経済学者リチャード・D・ウルフ(2012)のような資本主義に批判的な人々に言わせれば、資本主義は道徳的に欠点があり、そして技術的にも持続不可能な経済システムである。私は、ウルフの議論が間違っているとは言わないが、世界の経済システムには、資本主義と社会主義の間にひとつの中間点が必要だということを主張したい。ウルフの主張によると、Total Labor は、Embodied Labor 死んだ労働（原料、諸経費、電力、道具などを含む売上原価）と Living Labor 生きた労働（労働者の給料と賃金）の総量に等しい。そして資本家は、本来得るべき額に満たない報酬を労働者たちに与えることによって剰余価値（または利益）を稼ぎだす。それゆえに資本家は、労働者の汗と苦しみを通して剰余価値を得ることになる。ここまで、

ウルフの主張はすべて正しい！

もう一つの経済システム

　しかしながら、ウルフは、資本家が生産体制を築き上げるために背負うリスクを考慮しなかった。資本は増強される必要があり、（労働者たちではなく）資本家が、剰余価値を生むために生産システムへ投じる資本の一部——全てではないが——を失うリスクを負う必要がある。もし、率先して新たな事業を起こす——つまり起業活動を行う——リスクを負う者がいなくなれば、雇用は生み出されなくなってしまうだろう。ウルフは、新たな事業が失敗し、資本家が投資金を失うリスクを増大させる競争やその他の類の不確実性（テクノロジーや法律、人口構造の変化など）が果たす役割を考慮しなかった。一方で、労働者たちがある重大な問題に対して（全くとは言わないまでも）ほとんど言及しなかったというウルフの指摘は正しいといえる。その問題とは、誰がＣＥＯやマネージャーの地位に就き、どのような戦略的方針が選ばれ、そして重要なことに、どのように給与や利益配分およびボーナス

についての決定が行われるかということだ。革新的で、市場志向でもあり、そして資本家と労働者の双方に対して公正なもう一つの経済システムを発展させるために、できることが必ずあるはずだ。それこそが、社会主義と資本主義の中間の道であり、本稿の核心部分となる新たな議論である。

労働者自身の経済システム

では、実践的な視点を用いて、上記の問題に接近してみよう。労働者は、多数派である——実際、労働者の数は常に資本家の数よりも多い。多数派であるということは、有利な点である。もし多数派が共に働くことをいとわず、彼女ら／彼ら自身の経済システムを作り上げ、そして、自分たちをその責任者に任命するならば、どのように利益分配がなされるかを労働者たちで決定できるようになる。

モンドラゴン協同組合企業

おそらく世界で最も巨大な労働者協同組合であり、スペインで4番目に巨大な企業でもあるモンドラゴン協同組合企業を例に考えてみよう。モンドラゴン協同組合企業は、飢餓と貧困が色濃く残るスペイン内戦後のバスクにおいて、ホセ・アリスメンディアリエタ神父によって設立された。モンドラゴン協同組合企業では、労働者が自らを代表する管理者を任命できるシステムを作り出している。そして、この管理者たちがCEOと労働者の賃金比率を決定する（この賃金比率は、3〜9倍の間であり、ウォール街のように数百倍にはならない）。そして、モンドラゴン協同組合企業は、事業拡大のために融資を行う銀行を所有している。これにより、金融業者から協同組合への融資を困難にする銀行規制を回避することができるのだ。

協同組合の歴史

　協同組合は新しいコンセプトではなく、モンドラゴン協同組合企業のずっと前から存在していた。協同組合誕生の歴史は1400年中頃まで遡る。ヨーロッパ全土で諸民族がそれぞれ組織した原始協同組合は、仕事と資産を生み出し、また各人に割り当てていった。1800年中頃までには、イギリスはロッチデールで、機織職人や職工たちが食品を割り引いて販売する自分たちの店を開業した。そうしなければ食品を手に入れることができなかったのだ。ロッチデール協同組合の成功から間もなく、千を超える協同組合がイギリスで発足し、これが協同組合運動の転換点へと繋がっていった。つまり初期の頃から、協同組合は民衆に奉仕する存在なのだ――そこでは労働者自らが資本家になる。

協同組合が抱える課題

　だがしかし、協同組合が真に効果的で、より公正・公平な組織化の手段なのだとすれば、なぜ、私たちは経済に貢献するほどの影響力を持つまでに成長する協同組合を目にしないのだろうか。また、なぜ多国籍協同組合を組織したり、あらゆる街角でチェーン展開を見せたりする協同組合が現れないのだろうか（モンドラゴン協同組合企業は、いまだに特別な存在なのだ）。この事実は、協同組合モデルが持つ内在的な弱点を示唆している。協同組合モデルは"協調問題"と呼ばれる問題に直面する。ある決定（例えば、A社をパートナーに選ぶ、価格にX％を上乗せする、または次の5年間はDを目標とすることなど）に対して、メンバー全員の同意を得ることは難しい、といったことである。協調問題は、より大きな取引コストを生じさせる。事業体の運営を管理・監督し、調整するコストがそれにあたる。また、協同組合は競争力の高い人材を獲得する能力に欠けている。ゆえに、一般企業と競合することができない。また、協同組合は時代遅れのコンセプトのよう

にも聞こえる。クールな要素が欠けているのだ。多くの国では、銀行への規制により協同組合への投資が難しくなっている。規制する側の立場からいえば、所有者が 75,000 人にものぼる組織で、ローン返済や投資を受けた資産に関する意思決定について、誰が責任を負うのだろうか。これらは、協同組合が直面している課題のほんの一部にすぎない。

プラットフォーム協同組合

　プラットフォーム協同組合は、これらの課題に対する一つの答えになるだろう。今日、10 〜 15 人の農家が集まれば、(オンラインであれ、オフラインであれ) 自分たちの銀行を開くことができ、どのように融資を行い、どれくらいの利子率とするか、そして年度末にどのように剰余金を分配するかを決めることができる。そして、テクノロジー——ここではツールだけでなく、問題解決のための新たな " ものの見方 " とも定義する——は、より公平で公正な世界を実現するために利用できる。プラットフォーム・エコノミーの世界へようこそ。より正確にいえば——ようこそ、プラットフォーム協同組合の世界へ。

プラットフォーム・エコノミーの功罪

　プラットフォーム協同組合——多数の人間と組織を集め、参加者が所有者となるオンラインの協同組合——では、遊休の資産や資源、または人々の時間を、経済的・社会的価値を生む形で " シェア " することができる。プラットフォーム協同組合の歴史は、21 世紀のプラットフォーム・エコノミー (e-Bay や Amazon、現在の Uber など) の台頭に由来する。ニューヨークのニュースクール大学教授、トレバー・ショルツの研究は、プラットフォーム・エコノミーが人々に " デジタル労働者 " として雇用される機会を拡大したことを明らかにしている。だが、デジタル労働者は、プ

ラットフォーム・エコノミーで利益を得る人々と比べれば、その犠牲者になりやすい（Chandra, 2017; Scholz, 2017）。ショルツは、デジタル労働者は Uber や Airbnb、TaskRabbit、そしてその他多くのプラットフォームの資本家（プラットフォームの所有者と、投資家であるベンチャーキャピタリスト）に対して、交渉における立場が弱いという点を指摘している。ジュリエット・B・ショア（2017）らは、プラットフォーム・エコノミーがアメリカでクラウディング・アウト効果（押し出し効果）を発生させたと論じた。なぜなら、プラットフォームにおいては、教育を受け、正規雇用の仕事を掛け持ちしている労働者は、教育を受けていない他のメンバーと比べてかなり優位な立場にあるからだ。ジュリー・ユジエ・チェン（2018）は、デジタル労働者による直接行動の形態の一つとして、中国で滴滴出行のタクシードライバーがそのシステムに抵抗するべく、いかにアプリを操作したかという記録を残している。

プラットフォームビジネスへの抵抗

　税収入や雇用拡大、資産の有効活用という利点にもかかわらず、プラットフォーム・エコノミーは、"滴り落ちる"ではなく"吸い上げる"（利益の多くが労働者ではなく資本家に流れる）ことに繋がりがちだ。それは、労働者に対する不公正（賃金が不当であること、保険がないこと、労働者が事業費を負担すること、スキルの高い労働者が有利になることなど）と、伝統的なサービス産業への脅威（例えば、世界中でタクシードライバーが Uber に抵抗している）の上に成り立っている。このようなよく知られた不公正のために、労働者たちはプラットフォームの所有者たちに対する抗議デモを展開した。そして、この流れは瞬く間に世界的なムーブメントとなった。ニューヨーク、ロンドンからケープタウンや香港に至る主要都市で、Uber のドライバーたちと旧来のタクシードライバーたちが、Uber に対する抗議活動を行う様を、私たちは見てきた。同様の抗議活動は数年にわたり、Airbnb に対しても行われてきた。

オルタナティブの登場

　プラットフォーム協同組合は今、世界的な現象となっている。これは、協同組合モデルのバージョン 2.0 にあたるものだ。従来のプラットフォーム・エコノミーのオルタナティブとして登場したものもある。例えば、アメリカの GreenTaxi は Uber の、オランダの Fairbnb は Airbnb のオルタナティブとなる協同組合だ。Resonate は、ブロックチェーン技術を利用した音楽配信の協同組合である。データを閲覧可能にすることで、アーティストとレーベル間の契約を、（YouTube や Apple、Spotify のような既存のものよりも）より透明性の高いものにしようとしている。音楽を聴く側の利用者は、プラットフォーム上で聴いた分だけ支払いを行うことができる。

世界のプラットフォーム協同組合

別の例としては、プロのフリーランサーがより収益をあげられるようになることを目的とした Loconomics がある。ドイツを拠点としたオンライン・スーパーマーケット・コープの Fairmondo は、eBay や Amazon のオルタナティブだ。同協同組合は、利益の配当を4分割しており、4分の1は保有株数に応じて、4分の1は事業分量配当によってメンバーに、4分の1は非営利事業への寄付に、そして最後の4分の1は、将来の事業拡大のために貯蓄に回される。カナダを拠点にしている Stocksy は、アーティストが所有する協同組合だ。参加しているアーティストは、基本ライセンス料の50% を、追加ライセンス料の75% を受け取り、全ての組合員には株式が分配される。日本では、日本協同組合連携機構に 6,500 万人のメンバーが参加しており、日本の労働者によるプラットフォーム協同組合への取り組みを示している。同機構には日本労働者協同組合（ワーカーズコープ）や女性労働者協同組合のような労働者協同組合も参加しており、その他は日生協（日本生活協同組合連合会）や生活クラブなどの生活協同組合で構成されている。この他にも、食品、家事代行サービス、音楽、オンライン新聞、データサービス、コンサルティング、Web サービスから金融業に至るまで、様々なカテゴリーのプラットフォーム協同組合が例として挙げられる。この中には、まだ試験段階のものもあれば、すでに協同組合として機能しているものも存在する。

プラットフォーム協同組合の論理

プラットフォーム協同組合は、"コモンズの論理 logic of commons" ——多くの労働者が参加し、所有者となることで、意思決定における民主主義に対する強い意識が生まれる——と、"ビジネスの論理 logic of business" ——イノベーションとビジネス

は、ごく少数の人間への過剰な報酬のためではなく、コモンズに福利をもたらすためのツールである——によって運営されている。この二つの論理により、多数の人々が労働参加への公正な恩恵を受けることになり、ソーシャル・インクルージョン（社会的包摂）においても一定の役割を果たすことになる。そして、最後には"社会正義の論理 logic of social justice"を作動させることになるだろう。これらの論理は、労働者と資本家の間でバランスをとる手段の一つになるかもしれない。

プラットフォーム協同組合 10 原則

ショルツ（2017）らは、プラットフォーム協同組合について、10 の原則を提示している。1）共同所有（プラットフォーム協同組合は、そこで働く労働者兼所有者によって所有・管理される）、2）公正（賃金および所得保障において）、3）透明性（データと運営において）、4）評価と承認（すべての労働者兼所有者の参加に対して）、5）共同決定（労働者たちは、プラットフォームの計画設計に参加する）、6）法制度（マーケットに参加するチャンスをプラットフォーム協同組合に与えること）、7）労働者保護（福利厚生と雇用保障において）、8）恣意的な行動からの保護（コンプライアンスの遵守と詐欺からの保護）、9）職場における過度な監視の拒否（プライバシーの保護）、10）つながらない権利（勤務時間と勤務時間外の明確な境界線）の10原則である。これら全てが徹底・厳守されているわけではないが、これらの原理は、企業における既存の労使関係の在り方をひっくり返そうとするものである。とりわけ、最初の3つの原則が、プラットフォーム協同組合を従来の営利企業とは異なる存在にしているということは明らかである。

プラットフォーム協同組合の課題

　プラットフォーム協同組合が次に考えるべきことは何だろう。プラットフォーム協同組合の起業家と、これに熱意を持って取り組んでいる人々には、多くの課題が残されている。第一に、多くの国では一般的に、協同組合のシステムが十分に確立していないということである。新たなシステムとしてのプラットフォーム・エコノミーと結びつき、プラットフォーム協同組合は"新しさ"という負担に苛まれる。なぜなら、新しいものや趣味のように見えるようなものを、仏頂面のビジネスと同じくらい信用する人は、ほとんどいないからだ。プラットフォーム協同組合とはどういうもので、またどのような利益（または不利益）をもたらすのか、ということを民衆に教えるためには、時間と労力を要する。法的な正当性も問題の一つだ。プラットフォーム共同体を立ち上げるための法的な手段は不明確だ。プラットフォームの事業者には、プラットフォーム協同組合を営利団体として運営する者もあれば、非営利団体として運営する者もある。法的正当性が重要である理由は、それによりプラットフォーム協同組合の成長と拡大を支える資本を見つけやすくなるからである。プラットフォーム協同組合に関する明確な法制度は、その成長と承認を加速させるために決して欠かせないものだ。

その影響力を周知すること

　第二に、プラットフォーム協同組合の社会的影響は、より明確に説明されるべきだ。より優れた広報活動を行う必要がある。初期の研究には、プラットフォームはスキルが高い者を優位に立たせ、所得格差をもたらすことで不平等を増大させると指摘したものもある。ゆえに、プラットフォーム協同組合は、社会に付加価値をもたらすその活動を周知し、その本来の目的を貫くために、より優れた広報活動を行う必要があるのだ。

ブロックチェーン技術の活用

　第三に、プラットフォーム協同組合は、ブロックチェーン技術の台頭を活用できるはずだ。ブロックチェーンは、オンライン上で組織化を行うためのオルタナティブな手段である。これにより、巨大組織（大手銀行や大手スーパーマーケットなど）の力を解体または迂回し、分散化によって流通やサービスの提供を容易にすることができる。ブロックチェーンは、ネットワークの実行と検証について、高度な信頼性、可視化、多目的化を実現した分散型台帳として機能する。ブロックチェーンは現在、食品流通の分野でも試験的に運用されている（EUによるプロジェクトである Internet of Food や、効率とトレーサビリティ、食品の安全を向上させる Walmart とＩＢＭによる合同プロジェクト、HyperLedger など）。ともかく、ブロックチェーンを含む技術革新は、"取引コスト"など、従来の協同組合モデルが直面してきた金融上の問題を軽減してくれるのだ。

ミレニアル世代の経営者

　第四に、プラットフォーム協同組合には、専門的な経営者が必要だ。ビジネスとテクノロジーに精通し、コモンズへの情熱に溢れた経営者だ。協同組合の"レイドバック"した姿勢は、プラットフォーム協同組合においては、もはや相応しくないだろう。プラットフォーム協同組合においては、迅速で効率的な運営が行われる。これには、シリコンバレーや"フォーチュン 500"で見られるような経営者たちと同レベルの人材を必要とする。今日のミレニアル世代は、プラットフォーム協同組合のムーブメントを導くに相応しい人材のマーケットであるように思われる。ＩＣＴについて知識があり、マルチタスクをこなす能力と、コーディングから経営分析、法律から YouTube のようなソーシャルメディアに至るまで、何から何まで学ぼうとする習性を持つ──ミレニア

ル世代は、プラットフォーム協同組合のムーブメントを劇的に加速させる力を持っているのだ。

教育と実践

　第五に、プラットフォーム協同組合を熱心に支持する人々は、プラットフォーム協同組合主義について人々に教える必要がある。大学をはじめとする学校で、財務リテラシーに関するプログラムの一部として教えることができるだろう。プラットフォーム協同組合に関するコースと科目は開発が進み、人気も出るはずだ。プラットフォーム・ハッカソンのようなコンペは、新たなアイデアを登場させ、出資を促進させるだろう。同様に、こうしたプログラムは、労働者の福利について真剣に考える、先見の明を持った（スーパーマーケットのプラットフォーム協同組合のような）企業によって、職場で実践することもできる。定年退職者たちも、プラットフォーム協同組合のムーブメントに加わることができる。平均寿命は延びている一方で、定年退職の年齢が厳格に定められている国も存在するからだ。身体障がいを抱える人のよ

うに、現実世界で困難を強いられている人は誰であれ、プラットフォーム協同組合が創り出す機会を主体的に活用することができる。

協同組合の成功と失敗から学ぶ

次に、おそらく世界で最も成功している労働者協同組合であり、極めてうまく機能しているモンドラゴン協同組合企業を構成するものは何か、ということを理解する作業に取り組まなければならない。協同組合の経営者であれば誰であれ、モンドラゴンやその他の成功している協同組合の実践から学ぶことができるだろう。同様に、一方でいくつかの協同組合が失敗し、生き残ることができない理由についても、調査を行う価値がある。

政策面での援護

最後になったが重要な点は、政策立案者たちもプラットフォーム協同組合の普及させるための政策をサポートすることができるということだ。政府は、公共事業の実施と貧困対策に関心を持っている。そして、プラットフォーム協同組合の目的は、こうした政府の目的と合致する。プラットフォーム協同組合への税制優遇措置、助成金や寄付、R＆Dファンド（研究開発のための基金）設立は、プラットフォーム協同組合の台頭と拡大を支援するための有効な財政支援になるだろう。

連携の必要性

重要なことは、プラットフォーム協同組合は孤立するべきではないということだ。社会的企業や社会的経済などの既存の運動体と共に、国際的に推進されるべきである。プラットフォーム協同組合は、社会的企業(低所得者に無担保で貸付を行うマイクロファイナンスの Grameen Bank、教育格差を解消しようとする Teach for America、視覚障がい者をガイドとして雇用し暗闇体験ツアーを提供する Dialogue in the Dark など、社会と環境に配慮したビジネス）と連携するべきだ。より広い視点では、労働者や経済的に排除された人々に、より公正な形で余剰利益の分配を行う連帯経済または社会経済（フェアトレード団体やＯＳＳ活動、実際に貨幣として利用されている地域通貨など）と連携するべきである。多くの社会的企業や社会的経済のモデルは、デジタルよりも"アナログ"な傾向にある。プラットフォーム協同組合の台頭は、これらの経済システムを次のレベルに引き上げる絶好の機会になる。プラットフォーム協同組合は、経済における重要なプレイヤーとして、現存する社会変革の基盤が持つ影響力を活用しながら、同時に、そのイメージを磨き上げる役割を果たすべきだろう。

　今日では、誰もがプラットフォーム協同組合を通して、より公正に経済活動を組織することができる。学生、従業員、実業家から投資家に至るまでが、労働の成果が全ての労働者に流れ込む、より公正な経済モデルを創り出すことができるのだ。プラットフォーム協同組合は、まだ既存の営利企業と競合する必要があるが、同時に、それを必要とする人々や、既存の経済システムから排除されている人々のためのもう一つの経済圏を提示することができる。

　"繁栄の共有"を実現するという夢は、もはや空論ではない。トリクルダウン理論は、観念的な経済理論ではない。プラットフォーム協同組合は、これら"夢想家"の夢を実現する一つの方法なのだ。環境が整ったエコシステムさえあれば、——会計年度末ごとに余剰金を平等に労働者へ還元するこの経済圏で、——プラットフォーム協同組合を組織する者は、財とサービスを流通さ

せる役割を担うことができる。世界の99％の人々が、世界の富の99％を所有することは、不可能なことではない。これが、資本主義と社会主義の中間に位置するビジョンだ——経済的繁栄が民衆のものとなり、人間らしさが取り戻されるのだ。協同組合は確かに、資本主義における人道的な構想であり、社会主義における資本主義的な構想でもあるのだ。

翻訳	河野	公紀
	齋藤	隼飛
英文校正	春名	はな
写真	田地川	直哉

Platform Cooperatives: A Humanistic Organizing Model for the People
プラットフォーム協同組合
――――民衆のための人間的な組織モデル――

Written by: Dr. Yanto CHANDRA（蔡振榮）

If we are to name two mega trends that are shaping our contemporary world today, they are likely these two: the world's love affair with technology and disenchantment with capitalism. Technology, particularly information communication and technology (ICT), has opened a new realm of possibility for anyone anywhere to participate in the so-called *global gig economy* (think of a car owner who drives an Uber taxi). "Be your own boss" and "work at your own leisure" are commonly used phrases of reasons for why people engage in the gig economy. In developed economies like the U.S., Western Europe, as well as Japan, the gig economy is more like an accident than a well-thought-out economic system. In this part of the world, global economic restructuring is seeing the disappearance of full time jobs and the rise of "part time" jobs as companies pursue efficiency and aggressively embrace ICT and automation. Companies are in the mode of slashing fixed costs (e.g., worker's salaries and wages) for various economic reasons.

The inconvenient truth is, the bargaining power of workers, today and even a few centuries ago, has always been weak. Capital owners have always been the ones who make the shots. Capital owners create business empires that pay taxes and create jobs for workers (yes, they are good citizens indeed). Thus, it is hard to imagine if capital owners do not have influence on who gets elected to lead a country (who then make policies that determine who gets what in an economy). It is not that capital owners are not doing good for the economy but *how* the pie is distributed to stakeholders in an economic production system, particularly workers, is the crux of the issue and debate. Economists and laymen – the grassroots right through to the middle class and educated professionals – across the globe have come up with a consensus that capitalism is not a fair game. How can eight super-rich men own the same amount of wealth as the 3.6 billion who make up the poorest half of the earth's population (Oxfam, 2017), up from

62 men in 2016?

To some critics of capitalism like economist Richard Wolff (2012), who echoed Karl Marx's original thoughts, capitalism is a morally flawed and a technically unsustainable economic model. I would not say Wolff's argument is wrong, but argue that, having acknowledged that there really is something wrong with capitalism, the world's economic system needs a middle way between capitalism and socialism. According to Wolff, *Total Labor* is equal to *Embodied Labor* (that is, the cost of goods sold which includes materials, overhead charges, electricity, and tools used, among other things) plus *Living Labor* (that is, the salaries and wages of workers), and a capital owner earns a *Surplus* (or profit) by giving the Living Labor less than what they should get. Thus, a capital owner earns a surplus through the sweat and pain of the workers. Up to here, Wolff is all right!

However, Wolff did not take into account the *risks* that capital owners take in initiating an economic production system. Capital needs to be raised, and the capital owners (rather than workers) need to risk losing a part of, if not all, that has been invested into a production system in order to generate the surplus. If no one takes up an initiative to take risks in setting up a new venture – entrepreneurship – then no jobs will be created. Wolff did not take into account the role of *competition* and *other forms of uncertainty* (e.g., technological, regulatory, demographic changes) which can increase the risks of a new venture going bankrupt, and thus eating up the investment made by a capital owner. But Wolff is correct in that workers have little (if not no) say on big matters such as which CEOs or managers are appointed, what strategic directions are chosen, and more importantly, how salaries, dividends and bonuses are determined. Certainly, more can be done to develop a fairer economic system, through a parallel economy that is equally innovative, market-oriented, and fair for both capital owners and workers. This is a middle way of socialism and capitalism, a new argument made at the heart of this article.

Let us approach the matter above through a pragmatic lens. Workers are the majority; there are always more workers than capital owners. Being a majority is an advantage. If the majority is willing to work together, create their own economic system, and allow themselves to be in charge, it is certainly possible for workers to determine how the economic pie is distributed.

Take Mondragon, for example, perhaps the world's largest workers cooperative and the fourth largest enterprise in Spain. Initiated by Priest Jose Arizmendi in the post-Spanish Civil War where hunger and poverty were entrenched in the Basque region of Spain, Mondragon created a system where workers appoint managers to represent them (not the other way around), and implemented a wage ratio between CEO and workers (of between 3 to 9 times, not several hundred times as one would find in Wall Street). Mondragon also owns its own bank to finance its expansion, thus bypassing the banking regulations that make it difficult for financiers to lend money to cooperatives.

Cooperative is not a new concept, and has existed long before Mondragon. The history of cooperatives dates back to the mid-1400s, when tribes in continental Europe self organized proto-cooperative structures and allocated jobs and resources among each other. By the mid-1800s, a group of weavers and artisans in Rochdale, England, set up their own stores selling discounted food items that they could not otherwise afford. Not long after the Rochdale co-op success, over a thousand cooperatives were launched in the UK – leading to a tipping point for the cooperative movement. Thus from its early days, cooperatives serve the *majority* – where *workers* become the capital owners themselves.

Nevertheless, the question is, if cooperative is truly an effective, fairer and more just economic organizing tool, why have we not seen cooperatives that grow to be influential enough as contributors to the economy, or becoming multinational entities or opening chain shops in all street corners (the Mondragon is still an outlier)? This might suggest some inherent weaknesses of the cooperative model. The cooperative model faces the so-called "coordination problem" which makes it difficult to get everyone in the majority to agree to a decision (e.g., picking A as partner or charging X% for pricing, or pursuing direction D in the next 5 years). The coordination problem creates higher transaction costs; that is, higher costs to manage, supervise and control the operations of a venture. Cooperatives also lack the ability to hire competitive talents; thus, they are not able to compete with businesses. Cooperative also sounds like a passé concept. It lacks the cool factor. In many countries, banking regulations make it difficult for investors to invest in cooperatives. From a legal stance, who will be held responsible to repay a loan or make decisions on equity injected into an organization in which the owners comprise 75,000 people? These are only some of the challenges faced by cooperatives.

Platform cooperatives may be an answer to these challenges. Today, any group of 10 or 15 farmers can start their own bank (online and/or offline) and determine how lending is made and how much interest rate to charge, as well as how to distribute the surplus at the end of a financial year. Technology – defined here as a new mindset to solve problems as well as tools - can be used as an enabler to achieve a fair(er) and (more) just world. Welcome to the world of platform economy. More precisely, welcome to the world of *platform cooperatives*.

Platform cooperatives — online cooperatives that aggregate plenty of people and organizations and whereby members are owners — allow the so-called "sharing" of un- or under-utilized assets or resources or people's time in a way that generates economic and social value. The history of platform cooperatives can be traced back to the rise of *platform economy* (think of e-Bay, Amazon, and now Uber) in the 21st century. Research by Trebor Scholz, a professor from New York's The New School – reveals that the platform economy has opened up opportunities for people to engage as "digital laborers". But digital laborers are often the victims rather than the beneficiaries of the platform economy (Chandra, 2017; Scholz, 2017). Scholz argued that digital laborers have weak bargaining power relative to capital owners (e.g., platform owners and venture capitalists as investors) such as Uber, AirBnB, TaskRabbit, and many others. Others such as Schor (2017) argued that platform economy created crowding-out effect in the US because highly educated and full time job holders have greater advantages than their less educated peers through opportunities in such platforms. Chen (2018) documented how taxi drivers of Didi Chuxing (in China) manipulated the apps to fight against the Didi systems as a form of digital labor activism.

Despite its advantages to states in terms of tax incomes, job creation and better pursuit of asset optimization, platform economy often leads to a "trickle up" (most profits go to owners rather than workers) instead of a "trickle down" economic system. It rests on a lack of fairness to the workers (e.g., unfair wages, no or lack of insurance, workers bearing the operational costs, benefiting the better skilled workers, etc.) and threats to the traditional service sectors (think of the global movement of taxi drivers around the world against Uber). Because of the perceived injustice, workers took platform owners to the streets. This quickly became a global movement. We saw how Uber's drivers and conventional taxi drivers protested against Uber in major cities from New York to London, Cape Town and Hong Kong. Similar protests against AirBnB have taken place for several years.

Platform cooperative (or co-op for short) is now a global phenomenon. It represents the version 2.0 of the co-op model. It is often positioned as a reverse to the conventional platform economy. For example, GreenTaxi, based in the US, is a co-op alternative to Uber, while FairBnB, based in the Netherlands, is a co-op alternative to AirBnB. Resonate is a music streaming cooperative, built on blockchain technology, that tries to make the deals between artists and platform labels more transparent (than existing ones under YouTube or Apple or Spotify) by opening access to audience data. It allows the audience to pay for what (music) they play on the platform.

Another example is Loconomics, which aims to allow freelancing professionals to earn more of their work. Fairmondo, a Germany-based online supermarket cooperative, is positioned as an alternative to eBay and Amazon. This cooperative adopts a 4/4 profit distribution structure, in which 1/4 is shared among members according to their share ownership, 1/4 is shared through a points system for members, 1/4 is given to nonprofits, and 1/4 is kept for future expansion. Stocksy, a Canada-based is an artist-owned cooperative where contributing artists receive 50% of a Standard License Purchase and 75% of an Extended License Purchase – and every single co-op member receives a share of the company. In Japan, the Japanese Cooperative Alliance now have 65 million members, showing the commitment of Japanese workers on platform cooperatives. Some are workers' cooperatives such as the Japanese Worker's Coop Union and the Women's Workers Coop; others are consumer cooperatives such as Nisseikyo, and Seikatsu. There are many more examples of platform cooperatives in various categories including food, home services, music, online newspaper, data services, consulting, and web services to financial services. Some are just prototypes, while others are already operational as cooperatives.

Platform cooperatives are driven by the *logic of commons* (i.e., many workers participate and become owners – thus there is a strong sense of *democracy* in decision-making) and the *logic of business* (where innovation and business are tools to achieve the commons' welfare, not excessive profits for a tiny minority). The two logics ultimately drive the *logic of social justice* in which the majority benefit a fair outcome from their labor participation and thus this plays a part in enhancing social inclusion. These logics might be an avenue to strike a balance between workers and capital owners.

Some scholars such as Scholz (2017) offered ten principles for platform cooperatives. They are: 1) Collective Ownership (platform cooperatives are owned and governed by their workers-cum-owners), 2) Fairness (in terms of pay and income security), 3) Transparency (of data and operations), 4) Appreciation and acknowledgment (for the contributions of all workers-as-owners), 5) Co-determined work (workers are involved in the platform design), 6) Legal Framework (that gives platform cooperatives a chance to compete on the market), 7) Worker Protections (in terms of benefits and job security), 8) Protection against arbitrary behavior (assurance of compliance and against fraud), 9) Rejection of Excessive Workplace Surveillance (for privacy matters), and 10) The right to log off (a clear boundary of work and non-work hours). While not being exhaustive or rigid, these principles seek to reverse existing models of work and ownership in an enterprise context. It is obvious that the first three principles are what differentiate platform cooperatives from conventional for-profit businesses.

What is next for platform cooperatives? There is plenty of homework for platform co-op entrepreneurs and enthusiasts. First, in many countries, the legitimacy of cooperatives, in general, is lacking. Couple that with the platform economy as a new system, and platform cooperatives suffer from the liability of newness. Few people would trust something that is new or something that looks like a hobby more than a serious business. It takes time and effort to educate the public to know what platform cooperatives are, and what advantages (and disadvantages) they bring. The legal legitimacy is a part of the problem. There are no clear legal vehicles for starting a platform cooperative. Some platform operators employ for-profit and or non-profit entities for their platform cooperatives. An important aspect of the legality is the ease of finding capital to support the growth and expansion of a platform cooperative. A clear legal framework surrounding platform cooperatives is very much needed to boost their growth and acceptance.

Second, the social impact of platform cooperatives needs to be better articulated. It needs better public relations. Some studies, as elucidated earlier, showed that platforms can indeed enhance inequality by giving those with better skills an edge to earn more – which can increase income inequality. Thus, platform cooperatives need a better public relations game to clearly articulate their value added activities to the society and stick to their original mission.

Third, platform cooperatives can leverage the rise of blockchain technology. Blockchain is an alternative way of online organizing that dismantles or bypasses the power of large institutions (e.g., large banks, large supermarkets) while increasing public trust and easing the distribution of goods and services via a decentralized approach. Blockchain works through distributed ledger, which enables a highly reliable, visible and versatile form of collection action and verification networks. Blockchain is currently being experimented with for food distribution (e.g., the Internet of Food, a project by the European Union; or HyperLedger, which is a joint project by Walmart and IBM to increase the efficiency, traceability and safety of food products). Essentially, technological innovation including blockchain reduces the "transaction costs" and financing problems that are commonly faced by the conventional model of cooperatives.

Fourth, platform cooperatives require professional managers who have the skills in both business and technology, and a passion for the commons. The notion of cooperatives being a laid-back venture might not be appropriate any longer in the context of platform cooperatives. In platform cooperatives, things run quickly and efficiently, and this requires people who are as good as any Silicon Valley or Fortune 500 manager. Today's millennial generation seem to be the right target market to lead the platform co-op movement. Technically savvy at ICT, able to multitask, and apt at learning anything from coding to business analysis to law from social media such as YouTube – the millennial generation is more adept to revolutionize the platform co-op movement.

Fifth, platform co-op enthusiasts need to educate the public on platform cooperativism. This can be equipped as a part of financial literacy programs in schools and universities. Courses and practicum on platform cooperatives can be developed and popularized. Competitions for platform hackathons can encourage new ideas and investments. Likewise, such programs can start in workplaces particularly among forward-looking companies that are serious about increasing the well-being of their workers (e.g., a supermarket platform cooperative). The retirees can also be a part of the platform co-op movement, in light of the increasing life expectancy, yet rigid official retirement age in some countries. Anyone who suffers from the real physical world, such as people with disabilities, can self-organize to take advantage of the platform co-op opportunities.

Next, more needs to be done to understand what makes Mondragon, as perhaps the world's most successful worker cooperatives, work so well. There are best practices that any cooperative entrepreneur can learn from Mondragon and other successful cooperatives. Likewise, why some cooperatives fail or are unable to survive is another side of the coin that is worth investigating.

Last but not least, policy makers can support and facilitate policies that promote platform cooperatives. Government is interested in public service provision and poverty alleviation, and platform cooperatives resonate well with any government's objectives in this matter. Tax breaks, grants/ donations, and R&D funds for platform cooperatives can be useful fiscal tools to enhance the rise and expansion of platform cooperatives.

Importantly, platform cooperatives should not walk alone. They should be promoted together with existing institutions such as social entrepreneurship and social economy globally. Platform cooperatives should work hand in hand with *social entrepreneurship* (socially and environmentally conscious businesses, such as Grameen Bank, a microfinance that lends money to the poor with no collateral; Teach for America, a movement to end education inequality; or Dialogue in the Dark, a social enterprise that creates a dark experiential tour by employing blind people as guides) and the broader *solidarity economy or social economy* (such as fair trade organizations; the open source software movement, local currency as a way of replacing money) where economic surpluses are better distributed to workers and those marginalized in the economy. Most social entrepreneurship and solidarity economy models tend to be 'analog' rather than digital, and the rise of platform cooperatives is an excellent opportunity to take these existing economic systems to the next level. Platform cooperatives should take advantage of and leverage existing social innovation infrastructure and polish their image as a serious player in the economy.

Today, anyone can organize economic activities more fairly through platform cooperatives. Students, employees, businesspersons, and investors can create more than just an economic model, in which the fruits of economic labor trickle down to all workers. Platform cooperatives still need to compete with existing for-profit businesses, but they offer a parallel economy for those who need one or who are discriminated against by a conventional economic system.

The dream to create a "shared prosperity" is no longer a theory. Trickle-down economics is not an abstract economic concept. Platform cooperative is one avenue to achieve all these "utopian" dreams. With a good ecosystem in place, it is possible for platform co-op organizers to play their roles in the distribution of goods and services in the economy, where financial surpluses at the end of any financial year will be ploughed back fairly to benefit all workers. It is not impossible for the world's 99% to own 99% of the world's wealth. This is a vision of a middle way of capitalism and socialism: when economic prosperity belongs to the majority and champions humanity. Cooperative is indeed a humanist concept of capitalism, or from another lens, a capitalist concept of socialism.

++
*Yanto CHANDRA is (蔡 振 榮) Associate Professor at the Department Applied Social Sciences, The Hong Kong Polytechnic University. The opinions represented here are the author's own.
Email: yanto.chandra@polyu.edu.hk
++

References:

Chandra, Y (2018). There's no real 'sharing' in the platform-based economy, but cooperatives offer a solution. Hong Kong Free Press, 15 July 2018. https://www.hongkongfp.com/2018/07/15/theres-no-real-sharing-platform-based-economy-cooperatives-offer-solution/

Chen, J. Y. (2018). Thrown under the bus and outrunning it! The logic of

Didi and taxi drivers' labour and activism in the on-demand economy. *New Media & Society, 20*(8), 2691-2711.

Scholz, T. (2017). *Uberworked and underpaid: How workers are disrupting the digital economy*. Cambridge, UK: John Wiley & Sons.

Schor, J. B. (2017). Does the sharing economy increase inequality within the eighty percent?: findings from a qualitative study of platform providers. *Cambridge Journal of Regions, Economy and Society, 10*(2), 263-279.

Oxfam (2017). Just 8 men own same wealth as half the world. https://www.oxfam.org/en/pressroom/pressreleases/2017-01-16/just-8-men-own-same-wealth-half-world

Wolff, R. D. (2012). *Democracy at work: A cure for capitalism.* Chicago: Haymarket Books.

Translation by Hiroki Kohno and Hayato Saito
English Proofreading by Hannah Haruna
Photographs by Naoya Tajikaw

伊藤富雄

コワーキング協同組合
代表理事

2010年5月に神戸市で日本初のコワーキングスペース"カフーツ"をオープン。カフーツではこれまで、多種多様なワークショップが開催され、様々な属性の人々をつなげる"ハブ"の役割を果たしてきた。

2012年にはコワーキング協同組合を設立。同組合の代表理事を務める傍ら、各地のコワーキングスペース開業運営のプロデューサー、ディレクターとしても活動する。

コワーキングの精神とプラットフォーム協同組合の展望

伊藤　富雄

コワーキングの成り立ち

◇増え続けるコワーキングスペース

昨今、日本でも都市圏に限らず全国各地にコワーキングスペースが生まれてきている。正確な数は定かではないが、国内のコワーキング検索エンジンサイトであるコワーキングジャパン（https://

co-co-po.com/）に登録されているスペース数は実に 900 件近くある。これには、純粋にコワーキングとは言えない、例えばシェアオフィスや勉強カフェの類も含まれているが、体感的にはこの半数はコワーキングだと思われる。2010 年 5 月に、日本で最初のコワーキングスペース " カフーツ " を神戸に開設した筆者にすれば非常に喜ばしい。その年、日本にコワーキングスペースはたった 3 箇所しかなかった。

　なお、2017 年の Ｇ Ｃ Ｕ Ｃ（Global Coworking Unconference Conference, https://gcuc.co/）の調査によると、2018 年には世界のコワーキングスペースは 17,000 箇所を超え、2022 年には 30,000 箇所を超えると予測されている（Ｇ Ｃ Ｕ Ｃ , 2017）。2010 年にはわずか 400 箇所しか存在しなかったことを考えれば急激な成長だが、それは社会と時代のニーズが高まっていることの証明に他ならない。

◇コワーキングとは何か？
　ところで、その " コワーキング " とはそもそも何なのか。
コワーキング（Coworking）とは、以下のものを指す。

　個別に仕事を持つ人たちが、働く場所（環境）を同じくしつつ、コミュニケーションを図りながら互いに情報や知見を共有し、時に協働パートナーとして貢献しあう概念およびそのための施設

　つまり、フリーランサーやスタートアップ、あるいは企業の社員が、各自ノートパソコンを持ってある場所（コワーキングスペース）に集まり、それぞれ自分の仕事をしながらも、気軽に話しあったり、勉強会で教えあったり、あるいは情報やアイデアを交換するうちに協働パートナーとしてコラボしたり、ついには共にビジ

ネスを興すこともあるという、ビジネス・リレーションシップを
つなぐことが前提のワークスタイルと、そのためのスキームのこ
とを言う。

その根底に流れる理念は、たまたま出会った者同士の"寄与・
貢献（Contribution）"であり、互いに助けあうことで、小さな
事業者の不足しがちな部分を補完する目的がある。この点は本稿
のテーマである"Cooperative"の発想に極めて近い。

◇コワーキングはどこから来たか？

では、そのコワーキングなるものはいつ、どこで始まったのか？
大きく遡って前世紀初頭のパリ万博をきっかけに、アーティス
トたちの住居兼アトリエとして開設された La Ruche という施設
や、もう少し下って 1978 年にニューヨークでオープンしたライ
ターや編集者のための共用ワークスペースである The Writers
Room、あるいは 1990 年代後半に登場した Electronic Hollywood
など、コワーキングの萌芽というべき施設がその時代ごとにいく
つも存在した。

しかし、今日言われているところの"コワーキング
（Coworking）"としては、2005 年 8 月 9 日にサンフランシスコ
のエンジニアであるブラッド・ニューバーグ（Brad Neuberg）
氏が友人に呼びかけたのが、ことの始まりとされている。厳密
には、"Coworking"という言葉で参加者を集めた最初の例、と
言ったほうが正しい。それまでの英単語にはハイフンのある
"Co-worker"という言葉は存在したが、これは通常、同じ企業内
で仕事をする"同僚"の意である。我々が使うハイフンのない
"Coworking"は、それぞれ別の仕事を持つ人たちがコミュニティ
を組成して活動することを指す。ニューバーグ氏はコワーキング
の概念を表すために、ハイフンなしの単語を使用した。

◇コワーキングが始まった場所

そのブラッド・ニューバーグ氏は、こう書いている。

「従来、オフィスで働くか、家で働くかしか選択肢がなかった。9時から5時まで会社で働けばコミュニティと組織は手に入れられるが、自分自身の生活の自由とコントロールを失う。一方、家で働けば独立できるが、孤独に悩まされワーカーとしてのコミュニティから断絶してしまう。コワーキングはその問題を解決する。インディペンデントのライターやプログラマーやクリエイターが週に何日かやって来る。コワーキングならかつて会社で働いていたようにオフィスを提供できる。それもとてもユニークな方法で。」（Neuberg, 2005）

世界で最初の "Coworking Space" は、サンフランシスコの Spiral Muse というビルの一室で始まった。ここで彼は、コワーキングとは何かを語り、そして「このアイデアをあなたの街に持ち帰って、自分たちのコワーキングを開こう」と呼びかけている。彼は自分自身がオープンソースのエンジニアであったことが、この行動を起こさせたと語っている。つまり、その成り立ちからしてコワーキングはオープンソースであり、従ってそこに参加する者が自由にアレンジしていいスキームであるということは、あらためて指摘しておきたい。

翌 2006 年、同じサンフランシスコにクリス・メッシーナ（Chris Messina）氏やタラ・ハント（Tara Hunt）氏たちにより "Hat Factory" がオープンする。ここは階上の住居部分に 3 名のコワーカーが住んでいたと伝えられているが、その点は前述の La Ruche の系譜を継いでいる。

そして、その流れを汲んでオープンするのが "Citizen Space" であり、その登場以降、ここはアメリカに限らず広く西欧圏

のコワーキングの手本になっていると筆者は見ている。当時、Citizen Space が作成したコワーカーのための利用ガイドラインは、多くの後発のコワーキングが参考にしている。

◇コワーキングのコアバリュー

Citizen Space は、コワーキングが提供するコアバリューは次の5つだと宣言した。

・Accessibility（つながり）
・Openness（シェア）
・Collaboration（コラボ）
・Community（コミュニティ）
・Sustainability（継続性）

筆者は、この "Accessibility" には、スペースの地理的要因（駅に近いとか、ドラッグストアが近所にあるとか）に加えて、必要なときに必要な人にアクセスできる、という意味もあると解している。実際のところ、コワーキングではどんなリクエストがあっても、誰かにつながる。それがコワーキングがコミュニティたる所以であり、そこで、アイデアや思考や知識、課題を共有する。

そして、コラボレーションが生まれ、新しいコトが始まる。コラボが同時多発的に進行するうちにワーキング・コミュニティとしての母体が形成されていく。最後の "Sustainability" とは、ワークスペースを共用することでエネルギーの消費を抑え環境への負荷を軽減することを意味するが、筆者はそれと同時に、こうしたコミュニティがうまく機能することでローカルが活性化し存続することも、サステナビリティと解していいと考えている。

繰り返すがその根底にあるのは "寄与・貢献（Contribution）" であり、まさに Cooperative の理念そのものである。

さて、今度は東海岸に目を向けてみる。面白いことにほぼ同じ時期、2006 年にニューヨークで Amit Gupta 氏が「うちに集まって仕事しないか？」と友人に呼びかけた。その呼びかけに数名が応じ参加したが、これを彼は "ジェリー（Jelly）" と呼んだ。いろいろなタイプの人が一箇所に集まる様子が、あの色とりどりのお菓子が瓶詰めされた "ジェリー・ビーンズ" に似ているからだと伝えられている。

アメリカ大陸の東西でほぼ同じ時期にそれは始まり、瞬く間にアメリカ中に、そして海を渡ってヨーロッパやアジア、アフリカ、その他の地域に広がった。ドイツのコワーキング・メディアである "Desk Mag" によると *、"Hat Factory" が開設された 2006 年当時、世界にはコワーキングはわずか 30 箇所しかなかったとされている（Desk Mag, 2013）。だが、今や世界中でコワーキングが続々と生まれているということは、前述のとおりだ。

コミュニティとしてのコワーキングが果たすこと

◇コワーキングスペースに集まる人々

コワーキングはワークスペースとしてだけではなく、各種のセミナーやワークショップが頻繁に開催され、時には仕事を離れて楽しいパーティを催すなど、いわば働き学ぶ者の "コミュニティ" としてフレキシブルに機能している。これを見ても、従来のシェアリングオフィスとはまったく違う要件を満たす労働環境であることは明白だ。

コワーキングスペースでは、これまで、ＩＴ・ウェブ系を筆頭に、デザイン、財務、教育、コンサルティング、ライティング、

編集などに携わるさまざまな個人事業者がユーザー層の多くを占めてきたが、昨今、規模の大小を問わず企業に勤める会社員も利用しはじめた。そこには、これから労働人口の中核をなすミレニアル世代の労働意識、ひいては人生観の変化（もしくは多様化）、それを後押しするインターネットをはじめとするテクノロジーの進歩、さらにはそうしたワークスタイルを選択する有能な人材を確保するための企業側の人事政策の変容が背景としてあるということは言うまでもない。

　加えて、小規模自営業者、第一次産業、ＮＰＯ、学生、小さな子どものいる主婦など、さまざまな業種、業態、属性の利用者がコワーキングスペースに出入りするようになってきている。それもまたコミュニティ色を強くする要因でもある。都会のコワーキングスペースしか知らない者にはにわかには想像できないだろうが、筆者は全国の地方都市にある約 70 箇所のコワーキングスペースを訪ねて回る“コワーキングツアー”を断続的に続けていく中で、これを知るに及んだ。

◇地域を支えるコワーキング

　さまざまな属性にある人たちがそこで出会い、コミュニケーションを介して人間関係をつなぎ、ローカル・コミュニティを構築し、維持していく。そこに、地域のあらゆる課題や各人の目的が持ち込まれ、その地域のあらゆるリソースを掛け合わせることで解決と達成を実現する交差点（ハブ）となる。

　つまり、コミュニティに参加する者が各人の能力を寄せ集めることで、コワーキングは、いまや仕事に限らずあらゆるモノゴトを起こすプラットフォームとして機能する。そして、そのコミュニティが育ち、次々と課題や目的が持ち込まれ、それをコミュニティで解決することで善循環が起き、結果としてローカルの活性化へとつなげていく。つまりコワーキングは、ローカルエコノ

ミーを駆動するエンジンであり、すでに地域に不可欠なインフラとなっている。

◇コワーキング曼荼羅

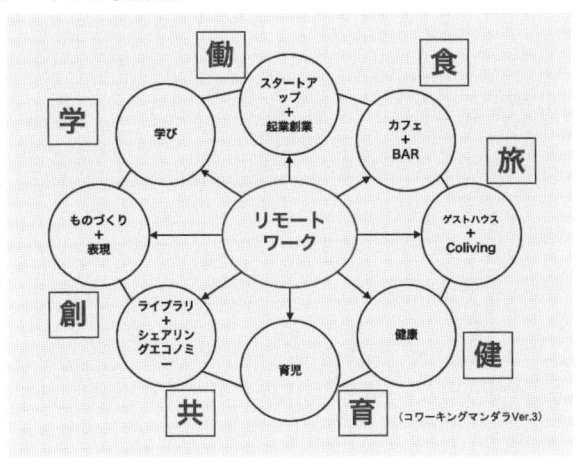

（コワーキングマンダラVer.3）

　筆者は、これを"コワーキング曼荼羅"と称して図解している。中心に「リモートワーク」を軸として置いているのは、場所を選ばずに仕事をする現代のあらゆるワーカーの拠点として、コワーキングが役に立つということを表している。これは（その地域の者ではない）移動するワーカーの受け入れを行うことも含んでおり、そもそもコワーキングが多様な人材交流によって、ローカルに新たな活力を生むことを意味している。従って、ドロップイン（"一時利用"、"立ち寄る"という意味）をメニューに取り入れず、固定メンバーのみにサービスを提供するコワーキングスペースは、コワーキングの本来の役割を十全に果たしているとは言い難い。

　そして、大きく分けて8つのテーマが、そのコワーキングというプラットフォームの上で動く。もちろんこれらのテーマはロー

カルごとにその重みも違ってくるであろうし、すべてが同等に扱われるわけでもない。ただこれらは、地域の課題であると同時に地域におけるビジネスのテーマでもある。起業家精神のたくましい人たちの、文字通り"スタートアップ"のステージとして、コワーキングは起業を目指す地域の人々にも大きく貢献している。前述の多様な利用者が交差することで、複数のテーマが同時多発的に動いていくのだ。

そしてこのコワーキングというプラットフォームは、場所を共用するという意味において、"シェアリングエコノミー"の一形態でもある。

シェアリングエコノミーと
プラットフォーム協同組合

◇シェアリングエコノミーとは

"シェアリングエコノミー"という言葉も、もうすっかりお馴染みだ。「共有型経済」と言われるが、本来の意味では「共用型」だ。あるものを個々に所有するのではなくて利用者が共用することで、そこにビジネスが起こり、経済が回る。

駐車場共用サービスを展開する Justpark (https://www.justpark.com/) のアレックス・ステファニー (Alex Stephany) 氏は、シェアリングエコノミーを、「十分に利用されていない資産にインターネット上のコミュニティからアクセスできるようにし、資産所有の必要性を下げることの価値」(The Business of Sharing: Making it in the New Sharing Economy) と定義している。

そして、シェアリングエコノミーの特徴として以下の5つの点が挙げられる。

1. 金銭を介しても物々交換でも、取引により経済的価値が生じる
2. 利用しきれていない資産がある
3. オンライン（＝インターネット）でアクセスできる
4. コミュニティが組成されている(コミュニティの信用、ソーシャルな関わり、価値の共有を通じてスムーズな取り引きが行われる)
5. 人々が所有する資産が減少する（私有から、他者からの提供へ）

◇これは本当の"シェア"なのか

　「シェアリングエコノミー」と聞いてすぐに思い浮かぶのは、Uber や Airbnb だろう。自分のクルマでタクシー業をしたり、空いている部屋を旅行者に貸したり、つまり"共用"することで彼らもビジネスに参加できる。

　Uber も Airbnb も、瞬く間に世界中に広がり、国によっては既得権者と法律とに阻まれつつも、ユーザーからの圧倒的な支持を強みに、ややなし崩し的にその存在を確固たるものにしつつある。Uber は今年5月に時価評価額824億ドル（約9兆円）で上場した。Airbnb の時価総額は約310億ドルに上る。

　そもそも従来のサービスに不満を持つユーザーが世界中にいたこと、そして、インターネットを駆使して簡単なツール（アプリ）を提供することで参加者（ドライバーや家主、それとユーザーの双方）を急速に集めたこと、それが成功の要因だろう。だがその一方で、「これは本当に"シェアリングエコノミー"なのか」と、海外では疑問の声が次々に上がった。

　例えば Uber では、ドライバーが必ずしもこのビジネスから正当な恩恵を受けていない、利益の大半がオーガナイザーである企

業と株主、ベンチャーキャピタルに持っていかれる、結局、利用者は中央集権的なシステムの中で搾取されている立場ではないか、それは本来の意味での "シェアリングエコノミー" ではないだろう、という指摘だ。

◇プラットフォーム資本主義に対するオルタナティブ

　こうした問題を抱えるシステムを、Platform Capitalism（プラットフォーム資本主義）という。プラットフォームとは言い換えればインターネット上で経済活動をするステージのことだ。ネットを駆使して資本家が儲ける。一部では、"Crowd Fleecing" とも呼ばれる。"Fleecing" には、金を巻き上げる、という意味がある。資本主義社会だから当然のことと思うかもしれないが、それは早計だ。インターネットとは、本来、もっと民主的なことに使われるものだからだ。

　Platform Capitalism に対するオルタナティブとして現れたのが Platform Cooperativism だ。適当な訳が思いつかないので、便宜上、「プラットフォーム協同組合主義」としておく。

　2016 年 11 月にニューヨークで開催されたカンファレンス、"Platform Cooperativism: Building The Cooperative Internet" のウェブページにプラットフォーム協同組合主義についての説明が掲載されているので、引用する。

「ほとんど気付かれていないが、デジタルエコノミーにギャップと空洞が存在する中、また別の倫理観と金融理論に沿った新しい経済が現れつつある。Platform Cooperativism は、民主的ガバナンスと集団的オーナーシップをインターネット上で実現し、未来のワークスタイルをより公正なものにするためのムーブメントだ。
これは近い将来には実現するであろうオンデマンド経済に対する

具体的な代替案であり、*Cooperativism（協同組合的思想**）の長い歴史と 21 世紀のテクノロジーが合わさることで、相互主義、共感、あるいは連帯といった人道的な原理を取り戻す。*」(Platform Cooperativism Consortium, 2016)

＊適当な日本語が思い浮かばないが、後述する日本の「事業協同組合」に近い。

もうひとつ、非営利メディア Shareable から "A Shareable Explainer: What is a Platform Co-op?" と題された文章をご紹介したい。ここでは、Platform Cooperativism と Platform Co-op を区別しているが、ほぼ同じ目的で使われるので補完の意味で引用する。

「*Platform Co-op とはデジタルプラットフォームのことで、サービスや商品を提供するウェブサイトやスマホアプリのことを指し、そこに参加する人たちによって集団的に所有され運営されている。そしてそこには、その基盤をなす労働、時間、スキル、そして（あるいは）資産を提供する人たちも含まれている。*
企業がプラットフォームを「シェア」する場合、そこで生み出された価値は投資に対するリターンを期待する株主に分配されるが、Platform Co-op では事業のオーナーシップとマネジメントを、その参加者に委ねる。つまり、そのプラットフォームで働く者、そしてそのサービスを利用する人々のものになる。
Platform Co-op は、協同組合事業の長い歴史で培われた伝統をオンライン・エコノミーに持ち込んだ。この Digital Co-op（デジタル協同組合）を理解する際に重要な二つの要件は、民主的な運営と集団的所有だ。
これを支持する一部の主導者は、Platform Co-op として認められるためには、International Co-operative Alliance（国際協同組合

同盟）の規定する「協同組合の原則」に則る必要があると主張している。」（Satton, 2016）

　要するに、Platform Co-op では、サービス提供者とそれを利用するユーザーがともにその事業を所有し運営し価値を分け合う。協同組合的事業というのはそうした意味であり、まさに、"シェアリングエコノミー"と言っていい。

◇世界で広がるプラットフォーム協同組合

　この Platform Co-op が海外でどんどん生まれている。例えば、カナダはブリティッシュコロンビアの写真家のための協同組合、Stocksy（https://www.stocksy.com/）は、カナダ国内にとどまらず 65 カ国に在住する約 1,000 名のメンバー全員でこの組織を所有し、メンバーは等しく議決権を一票持つ。メンバーである写真家はここで販売された写真の売上から 50％を受け取る他、決算時に余剰があった場合、その配当を受ける。2015 年の決算後は 20 万ドルが組合員に配当され、翌 2016 年は 30 万ドルだった。

　ドイツの Fairmondo（https://www.fairmondo.de/）は、ここに参加する販売者、購入者、ここで働く者、出資する者全員でマーケットプレイスを運営し、小さなフェアトレード企業の商品も販売している。Uber と同じタクシー業はもっと分かりやすい。コロラド州デンバーの Green Taxi Cooperative（http://greentaxicooperative.com/）には 700 人以上のドライバーが参加し、集団的に経営を行っている。その他にも、Platform Cooperativism（https://platform.coop/directory/）では、世界中のありとあらゆる Platform Co-op が紹介されている。

　これを一時のブームと呼ぶのは正しくないだろう。むしろ、変化が始まっていると見るべきだ。今後社会のパラダイムを根底から覆す可能性を秘める"ブロックチェーン"とも絡んで、すべて

を中央がコントロールするのではなく、集団で民主的かつ自律的に動かす新しい仕組みがそこかしこで生まれる可能性が極めて高い。

コワーキング協同組合とその課題

◇コワーキング協同組合の取り組み

　筆者は2012年の夏に賛同者の協力を得て、コワーカーのための共同事業体としてコワーキング協同組合を設立した。正しくは"事業協同組合"であり、主に、IT・ウェブ系の仕事をするフリーランサーまたは小規模事業者、それと彼らをサポートする立場にあるコワーキングスペースの運営者で組成されている。

　日本には、中小企業等協同組合法という法律があり、コワーキング協同組合はこの法律に則り、国（経済産業省）の認可を受けて設立されたれっきとした認可法人だ。この法律は小規模な事業者が一致団結することで、その事業を発展させることを目的にするものであり、その精神はコワーキングの目指すものとまったく一致している。

　メンバー（組合員）は全員が出資者であり、ステークホルダーであり、議決権を等しく一票ずつ行使でき、かつ、事業を行う（仕事をする）。組合を利用してのメンバー間でのコラボ（取引）はもちろんのこと、組合が窓口となって案件を獲得し、組合員でチームを組んで担当をアサインすることも行っている。ただし、そのビジネスに参加するかしないかは組合員の自由意志に任せられる。もし、決算後に余剰があれば（残念ながらこれまでにその実績はまだないものの）、出資額に応じてメンバー全員に配当することが規定されている。

◇協同組合を前進させるプラットフォーム

Platform Cooperativism は、コワーキングというキーワードではじまった我々の活動をぐんと前進させるかもしれない、その予感がしている。Platform Cooperativism もしくは Platform Co-op の発想をうまく取り入れて、もっとわかりやすく、かつスピード感のある活動を行い、メンバーの総意をもってビジネスを動かし、収益を分配する組織として成長したいと考えている。そもそも、コワーキングとは"協働"であり、それを支えるのがコミュニティであり、"雇用"ではなく"コラボ"であり、そこに通底するのは"シェア"の理念だ。Platform Cooperativism は、インターネットの力を借りてそれをより具現化する。

その第一歩として、昨年、コワーキング協同組合では組合員同士のコラボを推進する目的で、互いの仕事案件を登録してその協働者を募集する JOB BOARD（https://www.coworking.coop/kyodo/）というシステムを開発し提供を開始した。このシステムは組合員がプロフィール並びにポートフォリオを掲載でき、各自の得意な技能分野を複数登録できる。仮に、受託した案件に協働者が必要な場合、このシステムで案件情報を公開して希望者を募り、興味を持った者が連絡を取る仕組みだ。

システム自体はごく単純で機能的にもまだまだ十分とは言えないが、まずは Platform Cooperativism のモデルを試行するフェーズであると考え、試行錯誤しつつ調整を加えてく予定だ。ちなみに、一般にクラウドソーシングで仕事を依頼した場合、通常20％程度の仲介手数料が課金される（まさに、プラットフォーム資本主義だ）が、JOB BOARD はあくまで組合員同士の協働を促進するのが目的であり、かつ、組合自体が組合員の事業の成長のためにある組織であるため、組合がクライアントとの直接の契約当事者になる場合を除き、その種の手数料はいずれの組合員の案件についても一切無料にしている。

なお、コワーキング協同組合の本部は神戸にあるが、総組合員数は40数社と少ないもののそれぞれが違う府県に拠点を持っており、事業活動地域という意味では広範囲にある。しかし、インターネットのおかげと、また組合員自身がウェブの専門家であることもあって、遠隔地にいるパートナーとの協働はほぼ問題なく遂行できるレベルにある。

◇協同組合法の問題点

　ただし、実務上はそうなのだが、中小企業等協同組合法の制定が昭和24年6月1日とかなり古く、制度の面では今の時代にそぐわない面が多々ある。この法律では、事業協同組合は「同一地域の同一業種」の者で形成される組織と定義されている。従って、その活動地域（都道府県）が定款で規定されており、新規に組合員が加入した場合、毎回、その地域を追加して変更登記をしなければならない。インターネットのない時代に制定されたので無理もないが、今となってはいささか時代錯誤と言わざるを得ない。

　まして、我々はウェブを舞台に仕事をする者たちで編成されており、時間や場所にとらわれない働き方を選択した人たちであり、そのスタイルは大変フレキシブルだ。手続きが面倒ということではなく、組織の目指すところに共感する者であればウェブを通じて地域の制限なしにどこからでも加入し、以って組合組織の活動をアクティブにするというマインドの方を優先したい。

　先のカナダのStocksyでは65カ国の写真家が組合員として参加しており、まさに国境すらも超えてビジネスをする時代だ。こうしたグローバルな肌感覚に基づき、新しい働き方とビジネスを実践する時代に相応しい協同組合のあり方を日本も再考すべきであり、それに沿って法律の整備を可及的速やかに進めるべきだと考えるが、いかがだろうか。

これからのプラットフォーム協同組合の
成立要件と日本の課題

◇ Enspiral の取り組みに学ぶ

　ここにひとつ興味深い事例がニュージーランドにある。Enspiral（https://enspiral.com/）だ。6年前にウェリントンで同志のためのコワーキングスペースとして始まった団体が、グローバルネットワークでフリーランサーと社会的企業を結ぶ新しい協同組合に発展したケースとして、学ぶところは大きい。

　Enspiral は、「世界をより良くする」という理念に賛同するフリーランサーと企業が集結して結成されたネットワークであり、新しい価値観に基づいたものを生み出すために、活力のある多様なコミュニティを共創しようとする人々がメンバーとなっている。クライアント、投資家、そして彼ら自身のために価値を創造しつつ、コミュニティが生み出す革新的な製品やサービス、そしてビジネスに協力している。

　Enspiral は、主に3つのセクションで構成されている。

・Enspiral サービス

　ウェブデザインから財務会計まで、チームとしてクライアントに総合的なサービスを提供する有能な専門家集団を持つ。

・Enspiral ベンチャー

　中核事業の一つとして、社会に価値を創造する革新的な製品とサービスを提供する社会起業家を育成し、世に送り出す。

・Enspiral 財団

　Enspiral ネットワークの中心にある団体で、ネットワークによって集合的に保持されている資産の合法的な管理人であり、メンバーである企業やフリーランサーと正式な契約関係を結ぶ。

まず、日本の法制度のもとに設立された我々のような事業協同組合と根本的に違うのは、彼らが同一業者の集団ではなく、多様な業種に渡る専門家を多数コミュニティに擁している点だ。実はこのスタイルは、コワーキングスペースではごく普通にある姿であり（Enspiral もそもそもはコワーキングスペースをその活動の拠点としていたから当然なのだが）、筆者も "カフーツ" を母体にして案件を受託し、相応しいメンバーに声をかけて委託するか、あるいはチームを編成して各自が役割を果たすことでクライアントに価値を提供している。

　しかし、コワーキング協同組合では、場合によってはこうした柔軟な対応が出来ないケースもままある。協同組合法では、事業協同組合における非組合員の組合利用（参加）を事業単位でその 20％以下に制限されている。案件を遂行するために必要なメンバーが組合の中にいない場合、組合員ルートでその人材をアサインすることが多いが、それが非組合員の場合、常に 20％以下の参画を意識しなければならないのは非現実的と言わざるを得ない。

◇資金調達の仕組み

　もう一点、注目すべきは資金の流れだ。Enspiral サービスに参加するメンバーは収益の最大 20％を Enspiral にプールし、その 25％を財団に寄付する。残りの 15％を社内経費とサービスプロジェクトの資金に充てる。つまり、団体が得た資金を再度、メンバーの興すビジネスにも再投入できるように準備している。

　こうした共同資金調達（Collaborative Funding）の仕組みは2013 年にスタートしているが、その資金用途に関する意思決定を、彼ら自身も開発に関わっている集団的意思決定プラットフォームである Loomio（https://www.loomio.org/）を利用して行っている。

Loomio は、メンバーの誰かが協議したい議題を登録し、その議決を取るのにわざわざ全員が同じ時刻に一箇所に集まるという時間の無駄を排して、オンライン上で各自が都合の良いときに議題をチェックして意見を投稿し、賛否を投票するシステムだ。チャットミーティング・ツールは世界中にたくさんあるが、議決権を行使する投票機能を備えたものは他に例を見ない。これは、ウェブサービスとして広くユーザーに提供されており、「より良い決定を、より高度なエンゲージメントのもと、少ない会議時間で、すばやく実行できる」と高く評価されている。

　また、調達した資金を管理するために、これもまた Enspiral ネットワーク内で開発した Cobudget（https://cobudget.co/）を利用しているが、メンバー全員に透明性を持って資金運用の状況を共有できるシステムとしてさまざまな団体がユーザーとなっている。

　Enspiral は旧来のヒエラルキー構造下で意思決定とビジネスを行うのではなく、ネットワーク内でのコラボレーションによって行う。そうした非中央集権化された集団が健全に機能するためにも、こうしたウェブツールが不可欠だ。

　ちなみに、Loomio はそのメジャーアップデートに際してクラウドファンディングを実施し、125,000 ドルを集めた。一般に株式を発行しない協同組合の事業資金の調達方法は、出資金と年会費（賦課金）以外には融資か、あるいは寄付か補助金に頼るケースがほとんどだろう。一部、海外には Co-op 向けのファンドがあると聞くが、日本ではそういう話はとんと耳に入ってこない。そんな中、クラウドファンディングによる資金調達に成功したというのは、法律の違いがあるとは言え、前述の共同資金調達と併せて我々も試みるべきではないかと考える。

◇第一勧業信用組合の取り組み

資金調達について、もう少し視野を広げてみたい。日本の金融の世界では同じ協同組合組織として地域金融を行う信用組合がある。一般に銀行は株式組織であり、株主の利益を最優先する事業体だが、信用組合は組合組織であるのでそこに出資して加盟する組合員のビジネスをサポートすることを目的としている。この違いは大きい。その最たる事例が第一勧業信用組合（http://www.daiichikanshin.com/）だ。

同組合は、通常銀行では融資を断られる事業者にもビジネスアドバイザーとして共に事業計画を組み立て、二人三脚で伴走しながら融資を実行する。"芸者さんローン"など、これまでにない商品を数多く世に出して話題を呼んだが、さらには、地域の事業者に対して投資するファンドも組成している。驚くべきは、通常、投資に対してはリターンを期待するものだが、同組合は組合組織であって組合員の事業の成長が目的であるので、投資先が順調に成長した場合でもリターンを求めず、長期借り入れに組み替えることで良しとしている。つまり、"利益"よりもローカル経済の発展、"価値"を優先している金融機関だ。

ちなみに同組合は、昨年7月に日本の金融機関として初めて、「GABV（The Global Alliance for Banking on Values）」に加盟した。GABVは非営利団体であり、"利益"よりも持続可能な社会や環境の維持という"価値"に重きを置く銀行による国際的ネットワークだ。2008年のリーマンショックによって大手銀行が各国で資金供給を絞らざるをえなくなった際、ローカルの中小企業やコミュニティへのファイナンスを支援するため、オランダの環境銀行のトリオドスバンクなどのサステナブル分野で活動してきた金融機関が結集して設立された。現在では全世界で54の会員金融機関と10の協賛団体から構成されており、その規模は、顧客数で約5,000万人、総資産は1,634億USドル（約17兆9,740

億円，1ドル＝110円換算）に上る。

第一勧業信用組合は東京23区を基盤にする信用組合だが、全国の地方の信用組合や信用金庫、地方銀行、さらには地方行政、大学ともネットワークを結び、地方経済の活性化もその目的として幅広い活動を展開している。「利益」よりも「価値」に重きを置く金融は、まさに協同組合の本領と言えるだろう。持続可能な地域社会を目指すというテーゼは、前述のコワーキングの5つの価値の「Sustainability（継続性）」とも相通ずる。こうした組合組織の金融機関となんらかの形でアライアンスを組むことも有効であると考える。

加えて、日本でも株式投資型クラウドファンディングが始まっているが、株式がない協同組合の場合、事業プロジェクト単位で投資できる制度を設け、その実績に応じて配当するような仕組みはできないか、検討の余地がある。

◇プラットフォーム協同組合を成功させるための要件
つまるところ、現代におけるインターネットを前提とするプラットフォーム協同組合には、以下の要素が欠かせない。

・協働するためのシステムを自前で持っている
・仕事の売上から一定割合を組織に入れて再投入する
・地域に関係なくグローバルに展開する
・集団意思決定のシステムを運用している
・資金調達の方法を持っている

こうした要件を満足させることで、従来のそれとは違う、文字通りこれからの時代の協働のためのスキームとしてプラットフォーム協同組合が機能する。

日本においてはグローバルに展開するための法整備と、事業を

拡張するために資金調達の道を拓く、この2つが大きな課題だ。
そこを解決できれば、協同組合という事業体が、また新たな価値
を社会にもたらすことができるはずだ。

〔参考文献〕

Desk Mag (2013), The History Of Coworking In A Timeline. http://www.deskmag.com/en/the-history-of-coworking-spaces-in-a-timeline/2（最終閲覧 2019 年 5 月 14 日）

GCUC (2017), Number of U.S. and Global Coworking Spaces and Members 2017-2022. https://gcuc.co/wp-content/uploads/2017/12/GCUC-Global-Coworking-Stats-2017-2022.pdf（最終閲覧 2019 年 5 月 14 日）

Neuberg, B. (2005), Coworking - Community for Developers Who Work From Home. http://codinginparadise.org/weblog/2005/08/coworking-community-for-developers-who.html（最終閲覧 2019 年 5 月 14 日）

Platform Cooperativism Consortium (2016), Platform Cooperativism: Building the Cooperative Internet. https://platform.coop/2016（最終閲覧 2019 年 5 月 14 日）

Satton, M. (2016), A Shareable Explainer: What is a Platform Co-op? https://www.shareable.net/blog/a-shareable-explainer-what-is-a-platform-co-op（最終閲覧 2019 年 5 月 14 日）

第2章

プラットフォームの現場で

　プラットフォーム資本主義が抱える矛盾に多くの人々が気付き始めている。ヤント・チャンドラ博士が指摘するように、世界の各地で声があがっているのだ。一方で、私たちはプラットフォームの利便性にも目を向けなければならない。"プラットフォーム以前"の世界に戻ることではなく、どのようにこれを改善し、オルタナティブを作り出せるか、ということを考えていくべきだ。第2章では、現在、プラットフォームビジネスで働く人々がどのような恩恵を受け、また不満を感じているのか、民泊事業とフードデリバリー事業に従事する京都の若者の声を紹介する。続いて、オランダを拠点に、民泊へプラットフォーム協同組合という組織形態を持ち込んだ Fairbnb へのインタビューを通して、その理念とシステムに迫る。第2章では、プラットフォームの現場の声に耳を傾ける。

プラットフォームビジネスで働く若者たち

民泊編

　八幡さん（28歳女性、仮名）は、現在京都で民泊を運営する事業者からの委託で個人事業主として清掃業を営んでいる。民泊は、英語では"vacation rental"と呼ばれ、ホテルや旅館として登録されていない民家をはじめとする施設を利用した宿泊業を指す。利用していない家屋や部屋、つまり遊休資産を宿泊施設として利用することが本来のコンセプトであり、ホテルや旅館と比べて価格が安価である点が特徴だ。海外では、Airbnbをはじめとする民泊の仲介サービスが貸し手と顧客を結びつけるプラットフォームとなり、コストを抑えて旅行を楽しみたい若い層を中心に急速な拡大を遂げた。

　日本でも、迫り来る民泊の波に対応するべく法整備が行われた。2018年6月15日から施行された民泊新法（住宅宿泊事業法）では、1. 住宅宿泊事業者に係る制度、2. 住宅宿泊管理業者に係る制度、3. 住宅宿泊仲介業者に係る制度の三つの制度が創設された。同法では、民泊関係者の義務を明確化している。民泊物件の所有者にあたる事業者には、宿泊客の衛生と安全の確保、外国人観光客や周辺地域への配慮等を、アパマンなどが参入している管理業者には、誇大広告や不当な勧誘の禁止等を、Airbnbなどの仲介業者には、不当な勧誘や違法行為の斡旋の禁止等を、それぞれ定めている。

世界や法律に目を向けることと同程度に、現場で働く人々の声に耳を傾けることは重要だ。プラットフォームビジネスを介した事業の現場で働く八幡さんは、日本の民泊の現状を、そして現場での働き方を、どう捉えているのだろうか。

————————————————▲▼————————————————

——どのようなお仕事をされているのですか。

　今は、民泊仲介業 A 社に登録するオーナーさんが経営されているゲストハウスの清掃をしています。ゲストハウスのオーナーさんが合同会社を作っていて、その合同会社からの業務委託という形です。京都に 10 件ほど、そのオーナーさんの物件があって、その物件の清掃を担当しています。

——どのくらいの期間、勤められていますか。

　8ヶ月ほどになります。意外と入れ替わりが激しいので、気づけば割と古株になっています。

——労働形態について教えてください。

　働く日や時間は、厳密には決まっていません。働ける日の予定を立てて、そこから割り当てられるのですが、当日チェックインなのか、そうでないのかによって、入る時間も変わります。当日チェックインでなければ、比較的時間をかけて清掃できますし、始める時間も常識の範囲内であれば、「何時から」という決まりもありません。

——なぜその仕事を選んだのか、経緯を教えてください。

友人から紹介していただいたのですが、大学を中退してからアルバイト生活をしていて、アルバイト先を探していた２年ほど前に声をかけていただいていました。その後、アルバイトの対人関係などで悩んでいた時、「自由そうでいいな」と思い、この仕事を始めることになりました。

——実際には自由でしたか。

　かなり自由です。時間もそうですし、基本的にお掃除は全て一人でやるので、やり方も人それぞれです。基本的には任されているので、義務付けられていることがあるとすれば、終了報告と、当日チェックインの場合はチェックインの時間までに終わらせることくらいです。

——クレームは来ますか。

　来たこともあったようですが、頻繁に私たちの方に連絡がくるというよりは、基本的にはオーナーさんが対応していただいて、「掃除のやり方を変えたほうがいい」ということになった時に、話し合いを持つという感じです。相談に近いですね。新鮮でした。
　実は、このお仕事をする前に、少しだけ某ビジネスホテルの清掃のアルバイトをしていたのですが、そこは多くの決まりごとがあって、スピードも求められました。ホテルは従業員の方がたくさんいらっしゃるので、名前と顔を覚えるのも大変だったり、ホテルとしての決まりを覚えなきゃいけなかったり、その時に感じた不安のようなものはほとんどないですね。
　ホテルで働いていた時は、絶対に皺一つ残しちゃいけない、髪の毛一本残っていたらクレームが来る、という感じでしたが、今

は「皺一つなく」というほどは神経質にならずに仕事ができています。

——民泊について、どのような印象を持っていますか。

　民泊新法が2018年6月に始まりましたが、全国的にはもっと規制を緩くして、外国人の方に来てもらおうということだと思います。京都は元々ホテルや旅館がたくさんあるし、新しく建てたいという企業もたくさんあるので、京都としてはそちらにお客さんを流したいのではないでしょうか。民泊新法ができたので事業者が申請を行うのですが、関係者からは、京都は審査が厳しくて通りにくいという話も聞きました。

　また、宿泊客の客層が二極化してくるのかなと思っています。民泊は緩い感じで、値段も安いし、あまり細かいところまで気にしない人たちが集まる。お金持ちで一流の所がいい、ユニクロよりもハイブランド、という人がホテルを使うのではないでしょうか。

——給与には満足していますか。

　そうですね。それ一本で生活していくには厳しいところもありますが、時給に換算すると1,000円ほどなので、音楽など本業で何か創作的な活動をされている方がやることが多いと思います。

　時期によって部屋の予約が入っている件数も変わります。掃除をした物件の数で報酬が決まるのですが、この物件ならいくら、この物件は広いからいくら、という風に物件ごとに額が決まっています。仕事が早い人であれば1日3、4件まわる人もいますね。私はのんびりしたいので1日2件とかですが（笑）

　1件、2件という単位は、マンションのワンルームだったり、

一軒家丸々だったりします。住居が多くて、何かの施設ということはあまりないですね。

——民泊の良くない点はありますか。

　良い意味でも悪い意味でも緩いので、当日の朝にお仕事の詳細が送られてくるはずが、お昼になっても送られてこない、とかですかね。あとは、悪いということでもないですが、基本的にお掃除は個人に任されているので、毎日チェックが入るわけではありません。そこで問題があったとしても、すぐにはわからないという点ですかね。

　清掃する部屋がとても汚いこともあります。トイレになぜか掃除機が置いてあったこともありますし……。物損があった時は清掃の担当者がオーナーに報告をするのですが、私が見つけられなくて、問題発覚が遅れるということもありました。物が盗まれるというのは見たことがないのですが、物が壊れていることはあります。やはり信頼関係と善意で成り立っているシステムですよね。宿泊された方がお土産を置いていってくれていることも、結構あります。

——労働者性は感じますか。

　全然感じないです。

——民泊への期待はありますか。

　もっと気軽に民泊ができたらいいなと思います。今はほとんど外国人観光客が利用していますが、日本国内で自分が利用者として気軽に使えるようになると嬉しいです。ホストにもなってみた

いし、法律が許すのであれば、そういうスタイルは広がっていってほしいです。

　観光都市はホテルを誘致したいという思いがありそうですが、今まで観光客が少なかったところは民泊を奨励していくのではないでしょうか。(ホテルと違って)コストがかからないですからね。

──民泊新法について。

　2018 年 6 月に民泊新法ができて、ニュースでも違法民泊が話題になりましたよね。民泊のイメージが悪くなりますよね。でも、どこからどこまでが違法民泊なのかって分かっている人はあまりいないのではないでしょうか。ニュースの影響だと思うのですが、2018 年 7 〜 8 月頃から、近隣住民から苦情が入るようになりました。

　騒音などのクレームではなく、何か怪しいことをやっているのではないか、ニュースで話題の違法民泊ではないか、という問い合わせが区役所の方にくるようになったのです。あまりに問い合わせがくるものだから、オーナーさんが説明会を開きました。何十人という人が集まって、反対するというよりも、「大家が土下座しろ」みたいに言ってきて。過激派の人達は割合としては少ないですが。

　その方は旅館としての許可をとっていたのですが、そういうクレームが多く、事業自体は黒字だったけれど、閉めざるを得なかったそうです。

　そういう話はその一件だけだったのですが、住宅街だったので、観光客に近所に出入りされるのが嫌だったのかもしれないですね。ニュースを見て「何か悪いことをやっている人がいるかもしれない」と思ったのかもしれません。

　京都府内の大学に通う能重さん（25歳男性、仮名）は、オンライン・フードデリバリー事業を展開する Uber Eats（ウーバー・イーツ）の配達員として働いている。オンライン・フードデリバリーとは、宅配サービスを提供したい飲食店と宅配サービスを利用したい顧客、そして時間をお金に変えたい配達員をプラットフォーム上でマッチングするサービスだ。そこではプラットフォームの参加者全員が対等な関係で契約を結んでいるとされており、労使関係の認定を巡っては議論がある。

　そもそも Uber（ウーバー）とは、2009年にアメリカで誕生した配車サービスである。遊休資産としてクルマを所有しているドライバーと、タクシーよりも安価で手軽な移動手段を求めるユーザーをマッチングするサービスは、スマホ時代の到来とともに急速に広がりを見せた。日本では、2013年から試験的にサービスを開始するが、白タク行為に当たるとして政府から指導を受け、2015年にはサービス中止に追い込まれる。タクシー業界からの反発や法規制の壁に直面しながらも、2019年にはタクシー業者と連携したタクシー配車サービス Uber Taxi の提供を開始している。

　Uber Eats は、Uber による配車サービスの宅配バージョンと言えるだろう。個人がヒトを運べば白タク行為だが、運ぶのが食品であれば法規制に抵触しない。新たな形態のシェアリングエコノミーを日本にもたらした Uber Eats、そこでの働き方に魅力を感じたのが能重さんだ。今回の取材では、シェアリングエコノミーに加わる一人の若者として、その仕組みについて率直な考えを聞

いた。能重さんが、そこで得た喜びと、同時に感じた違和感の正体とは——。

—————————————————▲▼—————————————————

●Uber Eats の働き方

——どのようなお仕事をされているのですか。

Uber Eats の配達パートナーをやっています。

——配達員は「パートナー」と呼ぶのですか。

はい、そうです。

——Uber Eats の仕事の流れを教えてください。

まず、Uber Eats の専用アプリを起動します。するとスマホの画面上に地図が表示され、この時点で"オンライン状態"となります。オンライン状態にすると、「配達してください」と注文が届きます。しかし、オンライン状態にすればすぐに注文が来るわけではなく、ときには30分待機することもあります。仕事の受けやすさは、注文を受ける時間帯や待機場所によります。

注文を受けると地図にお店の場所が表示されるので、店へ向かい、アプリに表示されている番号を店の人に見せて商品を受け取ります。そして、もう一度アプリの画面をタップすると、地図に配達先の場所が表示されます。商品を自転車(バイクや車でも可)で運び、配達先に届けたら仕事は終わりです。

——そこに、報酬が支払われるのですね。

そうですね。報酬システムは、いわゆる歩合制ですね。１回の配達につき単価が決まっていて、それにその時の配達距離を掛け合わせた数字が報酬になります。

——普通にアルバイトで働くよりも割が良いのでしょうか。

　単発のアルバイトのようだ、と紹介されているのを見たことがあります。決まった時間に働くわけではないので詳しい時給はわかりにくいのですが、歩合制なので稼ぐためにはテクニックが必要になりますね。調子が良ければ時給で計算すると 1,000 円を超える日もあります。ですので、報酬が低いというわけではありません。

——どれくらいの期間、頻度で働いていますか。

　僕が Uber Eats の登録にしたのは、去年（2018 年）の 11 月初旬でした。登録するために、まず Uber Eats の事務所へ行きました。そこで配達用のカバンを受け取ります。登録方法はネットを見れば簡単に分かる上、体験談のようなものも数多く上げられています。
　登録して半月ほどは２日に１回くらい配達を行なっていましたが、一通りできるようになると満足してしまい、しばらく配達をしない時期もありました。

——Uber Eats が京都に入ってきたのはいつ頃で、その情報はどこから得たのですか。

　たしか、2018 年の夏頃だったと思います。最初に知ったのは

YouTube の広告ですね。友人とよく行くカレー屋がありまして、秋頃にはその店に Uber Eats のステッカーが貼ってありました。京都でもサービスを開始しているのは聞いていて、「こんな身近なところでもやっているのか」と感じました。

——行きつけのカレー屋さんも Uber Eats に登録していたのですね。

そうですね。きっかけとしては、それを見てやってみようと思いました。11 月に何度か配達をして、2 月に 2 回ほど配達してみて。ここまででなんとなく、雰囲気が分かってきました。

——なぜ、Uber Eats の配達員をやってみようと思ったのですか。

そもそも、僕はアルバイトの経験がありませんでした。基本的にアルバイトをしようと思うのは、お金が欲しいからだと思うのですが、幸い僕には仕送りもあり、お金には困っていませんでした。ただ、その 11 月は欲しい物があったので、小遣い稼ぎくらいのつもりで何かしたいと思い、配達員をはじめました。

——他にもシフト制・日雇いのアルバイト、派遣など、働き方としては様々な選択肢がありますが、なぜ Uber Eats を選んだのですか。

シフト制のアルバイトの場合、時間に縛られるイメージがありました。辞める際にもなかなか辞めにくいイメージがあり、抵抗がありました。それに、僕は学校の長期休暇に旅行へ行くのが好きなのですが、シフトが決まっているアルバイトは足枷になりま

す。

　Uber Eats の魅力は、自分の好きな時に働けることですね。僕の場合は自転車に乗るのが好きで、運動にもなるので良いと思いました。そして、最後に「面白そう」だからです。新しい仕事の形ですし、多くの人がやっているので、僕もやってみたいと思いました。

——配達員の研修などはありましたか。

　いいえ、ありません。最初に登録に行ったときに、２、３人のスタッフが事務所にいて、軽く説明を受けて終わりでした。思っていたよりも多くの人が登録に来ていて、にぎわっていました。場所は、京都駅の近くでした。

——事務所の雰囲気はどうでしたか。

　スタッフの方々は、“ベンチャービジネス”って感じの格好でした。アメリカ西海岸的な格好でしたね（笑）ポロシャツみたいな服装で。事務所の内装もお洒落な雰囲気でした。

——はじめて配達をしたときのエピソードを聞かせてください。

　研修がないので、初めて配達したときは緊張しました。アプリを起動してボタンを押すだけですからね。実際にやってみると、案内に従って動くだけでした。
　はじめて配達に行った時は、まず、どこで待機すればお店から注文が届くのかが分かりませんでした。というのも、アプリをオンライン状態にした人の中から、誰がお店からの注文を引き受けるかについては、おそらく Uber が持つシステムのアルゴリズム

によって決められます。Uber Eats の技術チームはこのアルゴリズムを分析・改善して、配達を効率化することを仕事にしているはずです。

　しかし、配達員としては、最初は何が効率的かわからないので、とりあえず家でオンライン状態のまま待機していました。しかし注文が来なかったので、川沿いをふらふら歩いていると 30 分ほどで注文が来たんです。そこでアプリ上の地図を辿って店に向かい、躊躇しながらも店の中に入りました。店の人は慣れた感じで、「番号を見せてください」と言われました。

　アプリに表示された番号と店側の注文番号を照らし合わせてから、その商品を受け取りました。地図を確認して配達を行いましたが、僕は京都の地理にかなり詳しいので、そこまで苦労しませんでした。

　実は注文した人のアプリでは、ＧＰＳで配達員の行動がわかるようになっています。道に迷ってうろうろしているのが、すべて見られるので、「怖いなぁ」と感じましたね。実際に僕も道に迷ったのですが、それを察したお客さんがアプリを通して電話をくれて、案内してもらうこともありました。

　1 件目はそれでよかったのですが、2 件目の注文は 30 分以上待ってもなかなか来ず、諦めて帰ろうとしたときに注文が入りました。最初の頃は効率の良い働き方が全く分かりませんでしたね。

——失敗はありましたか。

　料理をこぼしてしまったとか、そういう話を聞いたことはありますが、僕はありませんね。

● Uber Eats で働くことの意義

―― 「働くこと」について、その向き合い方は変わりましたか。

　先ほどの歩合制の話ですけど、この働き方は効率が良い方がお得ですよね。たとえば京都だと、注文が入りやすい絶好のポイントがあって、そこへ行くと必ず配達員が集まっています。河原町なんかが有名ですね。

　でも、最近は寒いし疲れるので、友達のシェアハウスで適当に本を読んだり、作業をしたりして待つようにしていますね。仕事が来たら配達をして、そのまま自宅へ帰るというスタイルを取っています。そういう意味では、もう時給の高さを追求するスタイルではない、と言えるのではないでしょうか。

――Uber Eats の配達員同士の競争は激しいですか。

　配達員が増えて競争は激しくなっているはずですが、それはUber の会社にしか分かりません。そこに情報の格差があると思いますね。利用者が配達員と同じ比率で増えれば一番良いのですが。

――報酬の仕組みについて、詳しく説明して頂けますか。

　先ほどの稼げる効率の話にも繋がるのですが、配達エリアごとに配達報酬の基本料金が変わります。したがって、報酬の高いエリアで配達をすると、配達一回当たりの効率が良くなりますよね。それを「ブースト」と呼びますが、その言い方には本当に腹が立ちますね。要は、これはゲーム感覚の演出なんです。専門用語で「ゲーミフィケーション」と言いますが、配達員には仕事ではなく、

楽しいゲームをしている、と思わせるようになっています。アプリの画面を見てもらうとわかりますが、地図上に「×1.6」とか「×1.3」と追加報酬の割合を示す数字があります。本来は「×1」なのですが、時間帯によってこの数字は変動します。この倍率は、僕が始めた11月頃は高かったと思いますが、今は下がっています。ただ京都の左京区など、数値が高い場所も存在しています。

　そして、これが配達員の供給のコントロールにもなっていて、且つ、配達員側の行動データが、全て取られているので、報酬の割合を決めるのに使われているのでしょう。

　「ブースト」の他には、「クエスト」というシステムもあります。「クエスト」は、ある時間帯の期間中に4回働けば、ボーナスでプラス100円の報酬がもらえます。では、「クエスト」はいつ来るかというと、配達員の供給を上げる必要がある天気の悪い日なんです。

　つまり、「ブースト」と「クエスト」によってゲーム感覚を取り入れ、配達員のモチベーションを上げようとしているわけですね。働く上でも、ゲームの方が楽しいわけですから、それ自体は良い面もあると思います。

　人間って有酸素運動を取り入れることで、幸せを感じるのではないかと思います。もちろんこれは持論で、科学的な根拠はわからないのですが。しかし、注文を30分以上待つこともあり、ストレスがたまるわけですが、注文が入って商品を届けたあとは、すっきりしていますね。腹立たしいことに（笑）働く仕組みが、うまくできていますよね。

——Uber Eats のメリットを挙げるとすれば、どんなところでしょうか。

　もちろん、やりたいときにできることだと思いますね。何より

も「お金を稼ぐために」というよりは、「暇つぶし、小遣い稼ぎ感覚でできる」ということですね。時給を追求するというよりも、友達と過ごしたり、他の作業をしたりする時間を確保しつつ、適当に小遣い稼ぎができるという感じですかね。僕の場合、真剣にお金が必要というわけではないので、基本的に遊び感覚でやっていますね。そういう意味では、大学生がやりたいときに日雇いバイトをするという感覚を、さらに先に押し進めたような仕事ですね。

——人間関係や上下関係などはどうですか。

　誰かと一緒に働く場面がほぼないので、楽ではあります。お店の人も、配達の人も、それぞれの役割が分かっているので、話すこともほとんどありませんね。中には、そもそもコミュニケーションを取るのが苦手という人もいますので、そのような方には楽ですね。あとは先ほど言ったように、ゲーム感覚ですので、やっていて楽しいですね。運動も好きだし、正当なものかはわかりませんが、配達した分だけ報酬ももらえるわけですから楽しいですね。

——Uber Eats から連絡が来ることはありますか。

　基本的にはないですね。何か困ったときの為に連絡先はもらっていますが、Uber Eats 側から特別な連絡が来ることはありません。シーズンごとに一斉送信のメールがあるだけですね。

——報酬は振り込みですか。

　報酬は振り込みです。アメリカの銀行から来ますね。そのため、登録時にメガバンクの通帳を持ってくるように言われました。振

り込みは、週ごとに受け取ります。どんなに報酬が少なくても、毎週支払われます。あとはカバンの料金だけデポジットなので、最初は週ごとに2,000円ずつ引かれて、それが4回、つまり4週間で8,000円が天引きされます。もちろん、デポジットなので、カバンは古くなれば交換できますし、仕事を辞めるときにはその8,000円は返ってきます。

——配達員の労働者性についてはどう思いますか。労災はありますか。

　Uberとの契約で考えると、団結することは難しいでしょうね。労災もありません。最初の説明の段階で、「個人事業主という形になります」と言われました。したがって、業務中にこちらの過失で事故などを起こしてしまったときは、Uber Eatsの保険でカバーできますが、配達員が自損事故を起こした場合にはカバーされません。そのため、配達中にケガをした場合は困りますね。

●Uber Eats プラットフォームへの疑念

——先程、Uber Eats のメリットについて、自由に働ける点を挙げられましたが、不自由な点、またはデメリットなどあれば、お話しください。

　労使協定や労働者の団結については、僕はあまりわからないのですが、僕は社会学を学んでいまして、その視点から考察してみますね。Uber Eatsと配達員の間には、大きな権力関係があると考えられます。
　理屈の話に入りますが、配達員への注文に使われるUber Eats

のアルゴリズムが全て会社側に握られているということは、こちらとしてはどうしようもないことです。Uber Eats の方は、こちらのデータが全て見えている。だから、どこで、だれに仕事を与えるかというのは、Uber Eats 側のやり方次第となるわけです。ミクロの視点で考えるならば、こちらは好きなように仕事ができるわけだけど、マクロの視点でみれば、今まで人がどのように動いてきたかを、ビッグデータとして Uber Eats に分析・解析されているわけです。だから、どういう「ブースト」「クエスト」を実施するか、ということも操作されています。そういう意味では、配達員側には、仕事をコントロールする主体性は全くなくなりますよね。もちろん、団結していなければ、抵抗もできませんよね。

実は、最近送られてきた一斉メールの内容に、なかなか怖いことが書かれていました。そこには、「配達員ごとに異なるパターンで仕事を割り振り、どのような結果が出てくるのか、差異を検証し、Uber Eats 全体の改善を目指そうと考えています」ということが書かれていました。「私たちは良いことをしていきます」というニュアンスで書かれていましたが、「こんなの、めちゃくちゃ怖いぞ！」と思いましたね。

●プラットフォームの "からくり"

ある店で商品を受け取るときの出来事です。その店は以前から何度も配達に行っていた店でした。今までは、アルバイトの人が対応してくれていて、機械的にやり取りを行なっていたのですが、その日は店長が対応していました。その店長から、アプリ内に表示される商品の番号だけでなく、商品の詳細まで確認したいと言われたんです。今までは、番号を見せるだけで取引が成立してお

り、商品の詳細の表示を求められたことはありませんでした。そのため、お互いに話がかみ合わず揉めてしまいました。最終的には、店長からアプリの注文を切るように言われ、配達することを拒否されました。

　まずここで問題になったのは、アプリの技術的な面です。配達員の受注キャンセルは、お店の側からはできませんし、おそらくUber Eats の事務所からもできないと思います。その店長と揉めたときに、僕の方から Uber Eats の本部に連絡したのですが、僕の方でアプリから注文を切るように言われました。つまり、配達員である僕から注文ボタンを切らないといけません。

　もう一つの問題としては、このときの配達員の機会雇用の消失は、とても大きいということです。1時間以内に、2回配達できるかできないかというなかで、1つの配達が消えるというのは非常に大きな問題です。

　この揉め事のあと、本部のスタッフと連絡をして、「商品の詳細については、お店に見せるべきですか」という質問をしたところ、「その必要はありません。」との回答をもらいました。そのとき、スタッフから「その店に行きたくなかったら、表示されないようにプログラムしますが、どうしますか？」と聞かれました。僕は、その店のアルバイト店員が対応してくれれば問題はないので断りましたが、ここである疑念を抱きました。

　これはつまり、少なくとも技術的には、Uber Eats の本部の人が僕がその店に行かないよう勝手にプログラムすることができるということです。しかも、それは僕には分からないことです。あるいは、報酬を低くするなどして、その店舗への注文を受注しにくい条件を設定されても、こちらには分からないですよね。

　もちろん、このようなことはやっていないと思いますが、疑念は残ります。もし本当にやるとしても、そこにプログラミングコストを割く必要性やメリットはないですし、やはりそのようなこ

とはありえないと思います。

　問題は、そのようなことはないのに、やっているかもしれないと僕たちが思ってしまうことですよ。なぜなら、そのようなプログラミングをされないように、つまり Uber Eats から嫌われないように、配達員の方で勝手にサービスを向上させるわけですから。そこには、完全に権力作用が働いていますよね。

　結局のところ、裏にあるソースコードを企業が握っていることによって、サービスを提供する側はサービスの質を落とすことができない。結果、配達員がサービス向上に力を入れるような状態になっていると、僕は考察しました。

【独占取材】

Fairbnb 民泊プラットフォーム協同組合

　プラットフォーム・ビジネスは、現代社会を生きる私たちに様々な新しい働き方を提示している。その一方で、本書の第1章でも示したように、プラットフォーム資本主義においては、プラットフォームの運営者・企業が利潤を独占するエコシステムが作り上げられている。更に、プラットフォームを制御する権限や個人情報を中央に立つ企業が握っているということの問題点は、「プラットフォームで働く若者たち」で、実際に現場で働く若者が指摘した通りだ。既存のプラットフォーム・エコノミーにおいては、現場の労働者たちには有形無形の不平等な条件が課されている。

　こうしたプラットフォーム・ビジネスの歪みは、現在世界中で急速に発展している民泊ビジネスでも見られる。民泊プラットフォームはホテルよりも安価に宿泊でき、若い人々が手軽に旅行に出かけられる環境を生み出した一方で、世界の各都市で急激な価格競争を引き起こした。この状況に対して声をあげ、自ら民泊プラットフォームのオルタナティブを作り出そうとしているのがFairbnb だ。

　Fairbnb は 2016 年にオランダで設立され、"プラットフォーム協同組合"を標榜し、地域に密着した活動を続けてきた。「そこに参加する者（旅行者・民泊オーナー・地域住民）が、いかに"フェア"に経済取引を行えるか」という点に着目し、巨大資本によっ

てではなく、自分たちの手でプラットフォームを運営しているのだ。

　Fairbnb は、民泊プラットフォームが引き起こした価格競争によって観光客が特定の地域に押し寄せ、その地域の地価と物価が上昇し、地域住民への負担が増加するという民泊ブームの弊害も指摘している。その上で、単に"民泊プラットフォーム反対"を掲げるのではなく、より公正・公平＝ Fair な形で民泊を推進しようと試みている。旅行者と宿泊施設のオーナー、そして地域住民の三者にとって利益となる仕組みを打ち出しているのだ。

　Fairbnb はどのような組織で、どのように民泊の将来を見据えているのか。民泊プラットフォームのあり方を問い、それを変えようと実践に臨む同組合の取り組みについて、Fairbnb の共同創設者ジョナサン・レイエスに聞いた。

Fairbnb 独占取材
Answered on June 2019
　　　Interviewee:　Jonathan Reyes（共同創設者）
　　　Interviewer:　Hiroki Kohno

——現在、世界中で民泊仲介事業が注目されていますが、まず Fairbnb とは、どのような組織なのでしょうか。Fairbnb の設立の経緯と理念をお聞かせください。

　世界中の都市は、深刻な危機に直面しています。ケープタウンから東京、バルセロナからニューヨーク、リオデジャネイロからエジンバラに至るまで、多くの都市がマスツーリズムにさらされることを通して、急激な変化を経験しています。

近年では、様々なオンライン・プラットフォームが、観光客の短期滞在を促進しています。しかし、《どこにでも居場所がある》という親しみやすい旗印の下で、これらのプラットフォームが、都心を空洞化し、コミュニティを侵食して、環境を破壊する観光モデルを促進してきました。

　規制のゆるい民泊サイトが急激に増加したことで、住宅不足とともに、深刻な住宅危機が生じています。定住者たちが民泊管理会社のために道を譲ったことで、部屋の使用料は急上昇し、結果として近隣から住民たちを追い払うことになりました。多くの市民にとって、《家の共有》という約束は、《家の喪失》に取って代わったのです。

　Fairbnb.coop は、既存の住宅シェアプラットフォームのまさにオルタナティブを創ることを模索する運動として、2016 年にスタートしました。共同創設者の多くは、十分に管理されていない観光事業に被害を受けている都市の出身者や、民泊プラットフォームが考慮しない地域コミュニティへの悪影響に懸念を示してきた人々です。

　この運動はまず、ベニス、アムステルダム、そしてボローニャで起こりました。すぐにヨーロッパ中から他のグループが議論に加わり、私たちが実行しようとしている最終モデルの形成に尽力してくれました。

　そして、2018 年後期には、このプロジェクトの法人組織にあたる協同組合を設立しました。近い将来、Fairbnb のエコシステムに関わるすべての人々を、この開かれた組織に迎え入れる予定です。

——Fairbnb を利用することで、旅行者にはどのような利益がありますか。

旅行者たちは、訪れた地域のコミュニティとそのアイデンティティを支えることになります。彼女ら／彼らは、合法的な物件でホストされ、「フェアな民泊」を経験することになります。

　ローカル・ノード・モデル（地域でFairbnbを形成することを支援する社会的プロジェクトやホスト、そして近隣住民のコミュニティ）のおかげで、旅行者たちは、現地での実地体験や、地域の社会的なプロジェクトにも参加することができます（後述）。

　ローカル・ノードという考えは、私たちのプラットフォームに、とても面白いコンセプトをもたらしてくれます。あなたの街や地域でプロジェクトに参加することによって、あなたもその街の旅行者になることができるのです。

――既存の民泊仲介事業については、どのようにお考えですか。つまり、これまでの民泊と顧客の仲介業者ですが、この形態は、Fairbnbも同じだと思います。Fairbnb独自の特徴は、どのようなものがありますか。

　私たちは、公平で、共同で所有し、透明性のあるオルタナティブを提供します。既存のプラットフォームと比べれば主に4つの相違点があり、私たちの強みとなる点が存在します。

・透明性の確保
　私たちは、貸し出される部屋が合法的なものであることを確認するために、自治体と協力します。

・利益よりも住民優先
　手数料の半分は、地域のコミュニティを活気づけるためにコミュニティに還元されます。そして、地域住民によって選ばれたプロジェクトを支えていきます。

・民主的な意思決定

　私たちは協同組合です。そこでの意思決定は、協同的になされます。税逃れを含む様々なトピックに対して、ゼロトレランス・ポリシーを用意しています。

・実際の家をシェア

　私たちは、プラットフォーム上に複数の物件を提供するマルチ・ホストとの契約は行いません。オーバーツーリズムが住宅に影響を与えることを防ぐための施策です。

――Fairbnb は地域への貢献を掲げていますが、実際には、どのような関わり方をしているのでしょうか。

　私たちの国際的なプラットフォームは、地域コミュニティによって補完されています。

　Fairbnb は、分散型協同組合です。組織の構造は、コア・チームとローカル・ノードの二つに分けられています。このうちコア・チームは、成長に対して責任を持ちます。つまり、ローカル・ノードを育て、サポートすることに対してです。

　ローカル・ノードの性質は発展的です。既に用意されているシンプルな枠組みは、関心がある人々を集め、貢献を促進するための最初の足場としてみなされるべきものです。ローカル・ノードは、私たちの組織の中心にあります。そしてそれは、地域の人々を結びつけるエンジンでもあり、人々の交流がFairbnbの真の"技術"となるのです。

――ローカル・ノードとは何ですか。

　ローカル・ノードとは、地域の人々で構成されたグループや組

織です。定期的に会合を開き、様々な方法でFairbnbの発展を
助けます。

——ローカル・ノードの役割は何なのでしょうか。

　ローカル・ノードの主な役割は、人々がFairbnbのエコシス
テムに参入することを援助し、自主的に活動できるように手助け
することです。とりわけ、新たな参加者を集め、既存の取り組み
をつなげ、プロジェクトの開発を担います。もし特定の地域で条
件が揃っている場合は、そこでのオペレーションも行います。

——ローカル・ノードはどのように始まり、発展していくのでしょ
　　うか。

　ローカル・ノードは、人々（ローカル・アンバサダー）または
組織（キーパートナー）がFairbnbに貢献することに興味を持っ
た時点で動き始めます。そして彼女ら／彼らの街のために、一つ
のツールとして利用されるのです。

——ローカル・ノードにはどのような役職があるのでしょうか。

　ローカル・ノードは、様々な人や組織を集め、影響を与えるこ
とを目的としています。地域の人々にFairbnbに参加してもら
うためには、ノードを活性化し、プラットフォームを活動的にす
る調整役のポジションが必要です。
　コミュニティの発展を促進するローカル・ノードには、3つの
主要な役割があります。それは、キーパートナー、ローカル・ア
ンバサダー、コントリビューターです。
　キーパートナーは人々が集まるノードを立ち上げ、立ち上がっ

たばかりの活動を発展させる地域の組織（非営利団体、B Corp、財団法人など）です。

　ローカル・アンバサダーは、取り組みを発展させることに特に熱心で、国際的なレベルで活動に貢献（主要なワーキンググループに参加するなど）したいと考えているような個人です。

　コントリビューターは、地域活動に参加する、すべての人々のことです。

——Fairbnb という組織は、協同組合という形を取っています。その中には、多くの民泊オーナーがいると思いますが、そこでの競争はあるのでしょうか。不公平にならないような仕組みがあるのでしょうか。

　私たちは、協調的運営モデルの下に組織されています。そのモデルは、中央集権型（コア・プロモーターチーム）と分散型で有機的な組織とのハイブリッドになっています。

　このプロジェクトは、私たちの価値観を共有している地域の人々との相互的な協力と協調に基盤を置いています。私たちの成長モデルは、これら地域の人々との協力に基づいているのです。

——今回、はじめて Fairbnb の存在を知る日本の読者の方もいると思います。そこで、Fairbnb のような取り組みに興味・関心を持った人は、どうすれば Fairbnb に関わることができるでしょうか。また、これから Fairbnb のような取り組みに挑戦したいという方に、どのように取り組めばよいか、アドバイスはありますか？

　Fairbnb.coop に参加する方法はいくつかあります。

・旅行者として

　あなたが訪れる場所で、社会的なプロジェクトをサポートしながら、旅行をしましょう！ 私たちのプラットフォーム上のフォーラムを通して、世界中の同志たちと出会い、Fairbnb のメンバーと触れ合うこともできます。そして、重要な問題について意見を交わすこともできます。

・ホストとして

　合法的に短期賃貸を運営してみたいですか。あなたは小さなホテルか、キャンプ場、農場、または B&B などを運営していて、あなた自身や地域のために、持続可能なビジネスを作り上げたいと考えていますか。

　Fairbnb.coop は、そんなホストたちに大きな利益をもたらす、仲介料ゼロのプラットフォームです。私たちは旅行者に対して、あなたの近所で行われている社会的なプロジェクトへのクラウドファンディングに参加することを求めます。

・社会的なプロジェクトとして

　あなたは、積極的に地域で社会活動を行っていますか。住民の生活を改善し、ツーリズムの負の影響を抑制できるプロジェクトがありますか。

　Fairbnb.coop の活動を通してあなたの街で集められた助成金や資金を受け取るために、あなたのプロジェクトを申請してみてください。Fairbnb.coop にとって、そのプロジェクトが、小規模すぎる、もしくは大規模すぎるということはありません。私たちは、明確な計画と説明責任を果たすポリシーが備わった革新的で効果的なプロジェクトを評価します。

・キーパートナーとして

　私たちの協同組合に加わりたいという商業的、協同組合的組織、そして市民組織は、オフィシャル・ローカルパートナーになることができます。パートナーは、管理業務や地域での運営、地域の中で献身的な活動の担い手を育てる役割を担います。

・ローカル・ノードのアクティベーターとして

　あなたのホームタウンで、Fairbnb.coop の一員になることに関心がありますか。ローカル・ノードは、特定の地域で Fairbnb の発展を促進するためのホストや地域住民、集団のネットワークです。ローカル・ノードは Fairbnb.coop のエンジンです。地域コミュニティのニーズに沿うようにプラットフォームを作り変え、収益から資金を供給するプロジェクトを決定し、協同組合の理念が守られていることを確認します。

・投資家として

　私たちのチームは、スケジュール通りに、そして目的通りにプロジェクトを実現させるための持続可能な財政計画を模索し続けています。ですが、更なる財政上のサポートは、大いに助けとなります。より多くの資金は、より多くの開発者、より速い成長と、ローカル・ノードへのより多くの援助を意味します。あなたも主要な資金提供者や協同組合のコアメンバーになったり、私たちのクラウドファンディング・キャンペーンを支援したりすることができますよ。

——今後の Fairbnb の展望を、教えていただけますか。

　まずは来月（2019 年 7 月）、最初の 5 つの都市（アムステルダム、バルセロナ、ボローニャ、ベニス、バレンシア）へ試験的に乗り

出す予定があります。

　そして、この先の 12 ヵ月で、最初のローカル・キーパートナーとローカル・ノードのアクティベーターとともに、初めてヨーロッパ以外の国で試験的な運営に乗り出そうとしています。ヨーロッパ全体に向けても、初めて試験的に拡大していこうと考えています。

　私たちは、Fairbnb が有益なものになると予想していますが、それは Fairbnb のエコシステムのためだけではありません。私たちは本気で今の民泊モデルを変えたいと思っており、この市場における模範的な組織になりたいと考えています。

For media enquiry : info@fairbnb.coop

Fairbnb Exclusive Interview
Answered on June 2019

Interviewee: Jonathan Reyes (Co-founder)
Interviewer: Hiroki Kohno

[Q1.] Nowadays, the vacation rental has drawn global attention from all over the world. Would you like to introduce about Fairbnb? And why did you create Fairbnb and what is the philosophy of Fairbnb?

Across the world, cities are facing an acute crisis. From Cape Town to Tokyo, New York to Barcelona, Edinburgh to Rio de Janeiro, many cities have experienced radical transformations through an exposure to mass tourism.

In recent years, a variety of online platforms have appeared to facilitate the short-term stays of tourists. But under the benign banner of allowing residents to 'belong anywhere', these platforms have facilitated a model of tourism that hollows out city centers, corrodes communities, and trashes the environment. The proliferation of loosely regulated rental sites, along with housing shortages, have helped to dramatically compound housing crises. Soaring rents have driven families from their neighborhoods, as long-term residents make way for rental management companies. For many citizens, the promise of 'home-sharing' has turned into 'home-stripping'.

Fairbnb.coop started its journey in 2016 as a movement seeking to create a just alternative to existing home-sharing platforms. Many of the cofounders come from cities that are suffering the effects of bad managed tourism and the impact of vacation rental platforms that doesn't take into account the impact on local communities.

Initially the movement emerged in Venice, Amsterdam and Bologna but soon other groups from all over Europe joined the debate and helped us in shaping the final model that we are seeking to implement.

In late 2018 we created a co-op to serve as the legal entity behind the project, an open organization where in the near future we plan to welcome all actors of our ecosystem.

[Q2.] What kind of benefits do guests enjoy by using Fairbnb?

Guests travel to "Fair houses" knowing that they are hosted in legal properties while they are supporting the local communities and local identity of the places they visit.

Thanks to the Local Nodes model (local communities of social projects, hosts and neighborhoods that help shaping Fairbnb locally) they can have a real local experience getting in touch and even involved with local social projects.

The idea of Local Nodes brings to our platform a very interesting concept: you can also be a traveler in your city by getting involved with local projects and spaces of your own city or region.

[Q3.] What do you think about the platforms of the vacation rental in existence? Would you explain unique points of Fairbnb?

We offer a fair, collectively-owned and transparent alternative with 4 main differences or advantages from the platforms>

Transparency over Opacity_
we collaborate with municipalities to ensure the legality of rented properties.

People over Profit_
Half of the commission charged is returned to empower the local community, sustaining projects selected by local residents.

Democratic Decision-Making_
The Company is a cooperative, where decisions are made collaboratively. We have a zero-tolerance policy for a variety of topics, including tax avoidance

Real Home Sharing _
We avoid the entrance of multi-host that have more than one accommodation in the platform, to ease the effect of over-tourism over the residential accommodation

[Q4.] Fairbnb is to support local communities. How do you approach it?

Our global platform is complemented by the local community dimension.

Fairbnb is a decentralized cooperative. Its organizing structure is divided into a core team and local nodes. The core team is responsible for the development; To foster and support the local nodes -

> The nature of Local nodes is evolutive and the simple structure proposed should be seen as an initial scaffold to facilitate aggregation and contribution from those interested.
> **Local nodes** are at the center of our organization and represent

the engine that connect the people in the territories making human interaction the real "technology" of Fairbnb.

Local Nodes: What are local nodes?
>●Nodes are **group of local people and organizations** that <u>meet regularly</u> and help to develop Fairbnb in different ways.

What is the role of local node?
>●Nodes have the main role to help people to enter in the Fairbnb Ecosystem and discover the initiative.
>In particular to involve new contributors, connect existing initiative, develop projects and if there're the conditions take the operations in a certain city.

How to start and develop local node?

>●Local nodes start where people (Local ambassadors) or organizations (Key partners) are interested in contributing to Fairbnb and use it as a tool for their cities.

What are the roles in the nodes?

>●Local nodes have the objectives to aggregate and militate different people and organizations.
>To empower nodes and activate the platform locally a few roles of coordination are needed in order to let local people engage with Fairbnb.
>
>There are three main roles in local nodes that help to facilitate the development of the community: **Key partners, Local Ambassadors and Contributors.**
>●A **Key Partner** is a local organization (No-profit, b-corp, foundation, etc.) that take the responsibility to kick-start the node aggregating people and develop the initial activities;
>
>●**Local Ambassadors** are individuals that are particularly keen in developing the initiative and that would like to contribute also to activities at a global level (e.g. participating to a thematic working group);

- **Contributors** are all those people that participate to local activities;

[Q5.] Fairbnb adapted the cooperative model, and, we guess, there are many owners in this system. Does Fairbnb apply the competition principle?

We are organized under a collaborative governance model that is a hybrid between a centralized models (core promoter team) combined with a distributed and organic organization.

Our project is based in collaboration and inter-cooperation with already existing and operating local realities that share our values. Our growth model is based on the cooperation with these realities.

[Q6.] Some readers in Japan may know Fairbnb for the first time with this article. Therefore if someone got interested in the project, how can she/ he participate in Fairbnb? If someone wants to make a movement like a Fairbnb in Japan, do you have any advice?

There are several ways to get involved in Fairbnb.coop:

AS A GUEST
Travel with us while supporting social projects in the places you visit! Through forums on our **own social platform**, you can also meet like-minded people from all over the world, start engaging with our members, and debate core issues.

AS A HOST
Do you run or want to run a lawful short term rental? Are you a manager of a small hotel, camping site, farmhouse or B&B in your hometown and would like to make it a sustainable business for you and your neighbors? Fairbnb.coop is a zero commission platform that delivers great benefits for Hosts and that will ask your Guests to crowdfund a social project in YOUR own neighborhood.

AS A SOCIAL PROJECT

Are you a social activist in your town? Do you have projects that could improve the life of residents and help curbing the negative effect of tourism in your town?

Pre-register your social project to receive grants and funding collected from Fairbnb.coop activity in your town. No project is too small or too big for Fairbnb.coop, we value innovative and effective projects, with clear plans and accountability policies.

AS A KEYPARTNER

Commercial, cooperative and civil society **entities willing to become part of our cooperative can become official local partners**. These partners are tasked with performing administrative tasks, running local operations and creating a committed workforce in their area.

AS A LOCAL NODE ACTIVATOR

Are you interested in being part of Fairbnb.coop in your hometown?

Local nodes are networks of hosts, neighbors and entities that facilitate the development of Fairbnb in a particular area. They are the engines of Fairbnb.coop, tailoring the platform to the needs of local communities, deciding on the projects that will be funded by revenues, and ensuring the cooperative's principles are upheld.

AS AN INVESTOR

Our team has drafted a sustainable financial plan that will allow us to deliver our product in time and as intended. However, any further financial support would go a long way. More funds mean more developers, quicker growth and greater resources for our local nodes. You can become a core funder and member of the cooperative, or support our crowdfunding campaigns.

[Q7.] Would you tell us the future perspective of the Fairbnb project? We're launching next month in our first 5 pilot cities (Amsterdam, Barcelona, Bologna, Venice and Valencia).

In the coming 12 months we expect to have first a European expansion to the whole Europe and first pilot cities in the rest of the world with our first local Key partners and Local Nodes Activators.

We expect Fairbnb will be useful not just for its own ecosystem but we really want to change the vacation rental model and become a reference for the rest of the market.

第 3 章

ブロックチェーンが変える
プラットフォーム

　京都の若者たちがプラットフォームビジネスから恩恵を受け、同時に不安感を抱える時、その声を汲み取るかのようにFairbnb をはじめとする世界のプラットフォーム協同組合は、新たな形のプラットフォームを作り出そうとしている。Faribnb のように地域貢献と結びつける形でプラットフォーム協同組合を運営する組織は少なくない。そんな中にあって、こうした動きを更に加速させる可能性を持つ技術がブロックチェーンだ。プラットフォーム協同組合とは全く異なる文脈で登場したブロックチェーンを活用する分散型組織は、技術によって脱中央集権を達成し、新たな社会・経済の在り方を提示している。第3章では、経済学者と若者の特別対談と、実際にブロックチェーン技術を活用して教育のプラットフォームを作り出しているODEMへの取材を通して、ブロックチェーン技術がプラットフォームに革新をもたらす可能性に焦点を当てる。

ブロックチェーンはプラットフォームをどう変えるか

松尾 匡 × 渡辺草太
経済学×ブロックチェーン

松尾匡（立命館大学経済学部教授）1964 年生まれ。数理マルクス経済学者。共著に『そろそろ左派は〈経済〉を語ろう レフト 3.0 の政治経済学』（亜紀書房 , 2018）。

渡辺草太（ブロックチェーン研究）1998 年生まれ。Decentralization を掲げるブロックチェーンに魅せられる。以降、ブロックチェーンに関する研究・発信を続ける。

異色の対談が実現

　2019 年某日、観光客で賑わう京都市内で、意外な顔合わせが実現していた。「月歩」創刊号特別企画として対談の席に着いたのは、共著『そろそろ左派は〈経済〉を語ろう レフト 3.0 の政治経済学』（2018, 亜紀書房）などで知られる経済学者・松尾匡だ。そして、もう一方の席には、ブロックチェーン研究に取り組み、ネット上での発信を続ける弱冠 20 歳の渡辺草太の姿があった。

　松尾は 2019 年 1 月より、反緊縮の経済政策を掲げる候補者に認定を出す "薔薇マーク" キャンペーンの代表を務めるなど、現

実の政治にコミットした活動にも取り組んでいる。一方、草太は、Decentralization（分散化／脱中央集権化）を掲げ、より公正なシステムの開発を実現する新技術・ブロックチェーンに魅了された若者の一人だ。

　ブロックチェーンは、歴戦の経済学者にとっても未知の領域。そもそもブロックチェーンとは何なのか、なぜ若者はブロックチェーンに魅せられるのか、そして、経済学者はそれをどう見るのか——30歳以上の歳の差がある二人が、"ブロックチェーンとプラットフォーム"をテーマにお互いの知見を持ち寄り、より良い未来社会のあり方について議論を交わした。

ブロックチェーン技術の台頭

▼　"ブロックチェーン"との出会い

松尾：どうも、立命館大学の松尾でございます。今回は全然知らない話で、あの"ブロックチェーン"ですよね。

草太：はい、そうですね。

松尾：その話をお伺いするということで、勉強させていただきたいと思います。

草太：よろしくお願いします。

松尾：よろしくお願いします。

草太：渡辺草太です。法政大学経営学部1年、今は休学しているのですが、普段はブロックチェーンの会社で、インターンをしています。

松尾：つまり、そのブロックチェーンの会社でインターンをするために、休学したってことですか？

草太：はい、経営とかよりも、テクノロジーや経済に興味が湧い

てしまいまして。

松尾：それは、大学に入る前から関心があったということではなくて？

草太：大学に入ってから、いろいろ調べていくうちに、取り込まれちゃったという感じです。

松尾：ブロックチェーンにハマるきっかけはなんだったんですか？

草太：最初は、大学に行く意味が、自分の中で腑に落ちていなくて、もうちょっと外の世界を知りたいなと、悶々と思っていた時期がありました。いろいろな人に会いに行ったり、本を読んだりとか。それから、勉強会みたいなことをやっているうちに、"ブロックチェーン"というものに出会い、そこで、「これすげー」と感動しまして。そこから、徐々にブロックチェーンの勉強会の人に会うようになり、もっとブロックチェーンを勉強したいなと思い始めて、今はブロックチェーンの会社でインターンをしています。その他にも、ブロックチェーンの情報を提供するメディアであったり、"オンライン・サロン"と言われる、オンライン上のコミュニティで記事を書いたりしています。

松尾：そうなんですね。

草太：もう、ずっとブロックチェーン漬けといってもいいぐらいです。本当にオタクみたいになっていますね。今気付いた。

一同：（笑）

松尾：ＩＴ関係の知識が、昔からあったのですか？

草太：一切ありませんでした。むしろ、テクノロジーは自分には向いていないと思っていまして、プログラミングに興味はなかったですし、テクノロジーのことも一切知りませんでした。いまは、いろいろなことを勉強していくうちに、知識がついてきたかな、と思っています。

▼ "ビットコイン" とは

松尾：なるほど。まあ、今日はそういう話をお伺いすることになるのですが・・・。そこで、おそらく、読者のみなさんも、このテーマについてはゼロベースな人も多いと思うし、僕もほとんどゼロベースに近いから、「ブロックチェーンとはなんですか？」という簡単なお話から聞いてみたいと思います。まずは、例として"ビットコイン"の話からお願いしたいのですが。

草太：まず、ブロックチェーンという言葉自体は、恐らく聞き慣れない人が多いと思うのですが、ビットコインという言葉を聞いたことがある人は多いと思います。ブロックチェーンというのは、ビットコインの基盤技術——ビットコインの下で動いている、データベースシステムみたいなものです。ではまずは、なじみのあるビットコインの説明からします。

松尾：お願いします。

草太：ビットコインの始まりは、2008 年に"サトシ・ナカモト"という匿名の人物が、インターネット上に乗せた論文です。その論文には、デジタル上で、個人間で、通貨の送信が行えるシステムを見つけたよ、という内容が書かれていました。

> ※サトシ・ナカモト：2008 年に、電子通貨ビットコインに関する論文をネット上に発表した人物。正体は不明である。

松尾：なるほどね。

草太：このビットコインというのは、中央管理者が存在せず、個

人間で通貨の送信、つまり決済を行えるネットワークのことを指します。なぜ、このシステムが必要だったのか。わかりやすい例で言うと、私たちがデジタル上でお金を送り合うときは、PayPal や LINE など、決済企業がありますよね。そういった中央集権的な企業への依存を回避するためです。直接、会って取引を行えればいいですが、デジタル上になった瞬間に、どこかの中央企業を介す必要が出てきます。

松尾：企業が管理者になるということですね。

草太：つまり、仲介を任せないといけない。また、その管理者（会社や組織）が、なにか不祥事を起こしてしまったときに、私たちは資産を失うリスクを背負っています。そもそも、個人情報を提供しなければならなかったりする、そういうデメリットがありますよね。

松尾：確かにそうですね。

草太：けれども、ビットコインの場合は、そういったものは必要ない。個人情報は誰にも提供しませんし、直接取引を行えるので、手数料も低く済みます。そういうメリットがあって、多くの技術オタクを引き寄せました。「国家や企業に頼らずに、自由に通貨の送信ができるぞ」と。これが始まりですね。そして、少しずつ技術者が集まってきて、盛り上がっているのが今の段階です。

松尾：昨年のビットコインの価格上昇は凄かったですね。連日ニュースになっていました。

▼ "ブロックチェーン" とは

草太：では、そもそもビットコインってどうやって動いているの？

という疑問に移ろうと思います。ビットコインの基盤となっているのが、ブロックチェーンという技術ですね。そして、**このブロックチェーンとは何か**という話ですが、ざっくり言うと、**非中央集権的・自律分散的に管理されているデータベース**です。

松尾：ですが、なぜ管理者がいないのにも関わらず、そのデータベースは成り立つのでしょうか。

草太：では、一般の決済システムの例を挙げてみます。オンライン上でＡさん・Ｂさんがいるとします。ＡさんがＢさんに 500 ビットコインを送るとき、実はＡさんはＣさんにも同じ 500 ビットコインを送ることが出来ます。つまり、"二重送金"となってしまいます。

松尾：それは、本当はお金を持っていないのに、お金を払ったりすることができるというわけですよね？

草太：そういうわけです。ではなぜ、こうした事態になるのか。それは中央管理者がその取引を管理していない、且つＡさんの不正を見張っていないために起こったのです。つまり、この送金の正しさを証明する仲介者が、ここにはいません。

松尾：現在、銀行や PayPal がやっているのは、その仲介ですね。だけどそれらの機関は中央集権的ですね。

草太：その通りです。そのため、それらの企業に頼らず、この二重送金を防がなくてはなりません。言い換えれば、誰も管理者がいないデータベースの改ざんを防がないといけないのです。では、どうするのか。先ほどの例を見直してみましょう。ＡさんがＢさんに 500 ビットコインを送った情報が、世界中に散らばる、"マイナー"と呼ばれる人たちのコンピュータに拡散されます。

松尾：世界中にコンピュータを持ったマイナーと呼ばれる人たち

がいるわけですね。そして世界中にいるマイナーと呼ばれる人たちのもとへ、世界中で交わされたすべての取引の情報が送られるということですか。

草太：はい、そうです。すると、マイナーたちのあいだで、取引の検証作業が始まります。具体的には、世界中のマイナーたちが、莫大なコンピューティングコストに必要な計算競争を一斉に行います。改ざんを行いたい人は、この計算競争に参加して、勝たなければいけません。しかし、この計算競争に勝ち、取引を改ざんするために必要なコンピューティングコストは、世界中の誰であっても準備できないくらい莫大です。

松尾：計算作業に勝てないと改ざんができない仕組みになっている。その計算作業にかかるコストが、改ざんを防ぐインセンティブになっているわけですね。

草太：そして、そのマイナーのなかで最も早く計算を終えることのできた人は、新しいブロックを生成し、報酬を得る権利を獲得します。莫大なコンピューティングリソースを持つ人は、ブロックチェーンを改ざんするより、普通にマイニングに参加した方がローリスク・ハイリターンで報酬が得られます。

松尾：そのブロックというのは、ある一定期間の取引を記録した、データのかたまりという意味ですよね？

草太：はい。ビットコインのブロックは、10分に1回生成されます。

松尾：10分に1回って、すごいですね。

草太：その10分に1回のペースで、マイナーたちが競争します。そして、勝ちとったブロックが、追加されていく。このブロックが、過去のブロックと数珠つなぎとなっていることから、"ブロックチェーン"と呼ばれています。

松尾：生成されたブロックと過去のブロックがつながるとは、どういうことなのでしょうか。たとえば、僕の取引の記録があって、誰かに払いました、という経歴と、僕が誰かから受け取りました、という記録が、ブロック間で矛盾なくつながっているということですか？

草太：現在あるブロックと過去にあるブロックとのあいだに互換性を持ってつながる。そして、その順番に正当性を持たせ、それらの整合性を証明します。

　ここまでをまとめてみると、取引のデータはマイナーを通してみんなで取引データを管理しているため、改ざんできないということが分かります。

松尾：そして、その検証の報酬としてビットコインを貰うことが出来る、ということですね。そのビットコインをタダでもらえるような改ざんもできないわけですよね。取引記録のデータのかたまりがブロックであり、そのつながりがブロックチェーンであると。そして、そのつながったデータとしてのブロックチェーンが、世界中のコンピュータに入っているということですね。中央集権的な管理者がいなくても、みんなで不正を見張っている。取引が公正に行われていることがわかりますね。

▼ “ビットコイン” のメリットとデメリット

松尾：ビットコインの話に行きたいと思うのですが、ビットコインは、どういう面で、これまでの電子マネーなどと違い、プラスの面があるのか。そして、どのように発展していくのでしょうか？ また、逆に問題点はありますか？

草太：それでは最初に、ビットコインが他の通貨より優れている

点を説明しようと思います。1つ目は、冒頭でも少しお話しましたが、第三者となる管理者がいないので、手数料が非常に安いことや管理者による不正のリスクがないことが挙げられます。加えて、もう少し踏み込んで言うと、国家間の為替レートの影響を受けにくいことが挙げられます。たとえば、ある国でハイパーインフレが起こったとき、人びとはビットコインに逃げ込むことができます。これは、実際にあった出来事ですが、2013年にキプロスは通貨危機に陥りました。そのとき、キプロスでは大量のビットコインが購入されたという事例があります。また、現在ベネズエラでは、ハイパーインフレが起こっており、ビットコインの保有率が、急激に上昇しています。このように、国の経済が危機に瀕しているとき、人びとは自分たちの通貨を、価値の保存のためにビットコインに換えることができます。

> ※キプロスの金融危機：2013年のEUによるキプロスへの金融支援の条件において、キプロスの全預金に課税を導入することで始まった金融危機。
> ※ベネズエラのハイパーインフレ：原油価格が高かった時代、通貨を高く維持して生活物資を安く輸入していたために、自国産業は壊滅的なダメージを受けた。そして、原油価格が下がると輸入インフレに対処できなくなったのが原因である。

▼ "ビットコイン" のデメリット①——時間がかかる

草太：次にデメリットの話をします。実は、デメリットの方が多いです。まず、トランザクションの処理が遅すぎることです。先ほども話しましたが、1回の取引をマイナーが証明するのに10分かかるという問題があります。そのため、

よく送金の遅延が起こります。場合によっては数時間、数日待たなければいけないケースもあります。

松尾：取引した両者も、それだけ待つ必要があるのですね。

草太：したがって、取引するには利便性は低いです。

松尾：けれども、一般人が使う分には問題があるように思えませんけど。

草太：でも、改札やコンビニでの会計に何十分も待つなんて、不便じゃないですか。

松尾：それは確かに困るね。通信販売ならまだしも、ある程度の速度を求められる取引に関しては、問題があるね。

草太：悪用されるのを防ぐために、マイナーたちによる検証に時間をかけることは、必要なコストではありますけどね。

▼ "ビットコイン" のデメリット②──プライバシーの問題

草太：次に、"ビットコイン・ブロックチェーン" は、先に言ったように、ほぼ検証できてしまいます。気を付けないと、自分が何にお金を使ったかがすぐにばれてしまいます。もしも自分のビットコイン・アドレスや取引相手のアドレス、パソコンのＩＰアドレスの情報がハッキングされると、個人情報がすべて露呈してしまう可能性があります。

松尾：何を買ったかまで、わかるのですか？

草太：ブロックチェーンのデータだけでは、何を買ったかまではわかりませんが、ＥＣショップのアドレスまで特定されると、ほぼわかります。

松尾：プライバシーが、安全に保たれない可能性があるわけですね。

▼ "ビットコイン" のデメリット③——変動の激しさ

草太：ここまでのデメリットをまとめると、1つ目はデータ処理に時間がかかる、2つ目はプライバシーの問題などの問題があることが分かりました。そして、3つ目の話をしますと、"ボラティリティ"が大きすぎることが問題です。

松尾：ボラティリティの意味はなんでしょうか？

草太：ボラティリティとはビットコインの価値の変動幅のことです。仮想通貨のほぼ全てに言えることですが、この価値変動がとても激しいです。このことが原因で、まともに商品の売買をすることができなくなります。100万円分の給料をビットコインで受け取って、次の日に80万円分まで価値が下がっていることがザラにあるということです。

松尾：それは困りますね。

草太：貨幣の役割として3つ、価値の貯蔵、価値の交換、価値の尺度がありますが、変動が高いと、このうちの貯蔵と尺度の機能が失われてしまいます。そのため、通貨として機能できません。国の通貨の場合、インフレ・デフレの政策を行い、ある程度の制御ができますが、ビットコインの場合、コントロールする者がいないので、実質コントロールができません。したがって、通貨としての質は、かなり低いです。以上3つが、ビットコインのデメリットです。これを聞くと、ビットコインは使えないな、となるのではないかと思います。

▼ビットコインの闇の面

松尾：ビットコインが、闇サイトなどで、頻繁に使われていると聞いたのですが、それについて話してもらえませんか？

草太：ビットコインは、新しいテクノロジーで、いまでこそ脚光を浴びているのですが、ビットコインができた初期の頃、2011年から2013年頃まで、ダークマーケットで使われていました。シルクロード事件として知られています。そこでは、麻薬やアダルト商品、犯罪用の銃の取引、偽造パスポート、個人情報の裏取引といったことが、活発に行われていました。もともと闇ウェブ上のマーケット自体は、これまでも存在はしていました。ですが、直接的に物々交換などを通して行われていたそうです。

　しかし、ビットコインが現われてから、その匿名性が悪用され、ウェブ上での闇取引が活発化するようになりました。これがビットコインの抱える闇の面となります。

　　※シルクロード（闇ウェブ）：かつて存在した闇ウェブ。アメリカ合衆国で薬物などの不正販売を行っていたウェブサイト。

松尾：でも、先程の話では、ビットコインを使うと、取引の履歴がわかるから、困るよねってことでしたよね。悪い取引も同じようにわかるのではないですか？

草太：はい、その通りです。ですが、ダークウェブの場合、Torと呼ばれるＩＰアドレスを秘匿化するソフトを通してしかアクセスできなかったり、マーケットを開設する業者が頻繁にサイトのアドレスやビットコイン・アドレスを変換させたりするので、特定することが非常に難しくなります。普段私たちが使っているようなGoogleなどは、ＩＰアドレスを表示していて安全性が保たれると同時に、取引情報も公開されますが、そのようなオープンなウェブとは異なるわけですね。

　そのため、一般のパソコンで闇取引をしても、すぐにば

れてしまいます。しかも、いまの日本などでは、ビットコインを買う時点で、仮想通貨取引所に個人情報を渡さなくてはいけないので、確実にそういった闇取引の履歴はばれてしまいます。

> ※ Tor（トーア）：ＴＣＰ／ＩＰにおける接続経路の匿名化を実現するための規格、及びそのリファレンス実装であるソフトウェアの名称である。

松尾：ということは、元々ビットコインがなぜ良いのかという理由は、「管理されないから良い」ということだったけど、結局は「管理されている」ということになるわけですね。

草太：現在の日本において、ビットコインの取引は、入り口と出口が管理されてしまっているので、ビットコインの良さが一部失われています。けれども、そのおかげで犯罪もなくなっていることになっています。そこのさじ加減が、なかなか難しいところですね。国としては、マネーロンダリングは積極的に規制していきたいでしょうし、個人情報の取得を強めていきたいというのが、本音でしょう。これがビットコインの現状でしょうね。規制を強めることで安全性を確保できるメリットがあると同時に、新しいビジネスが育たないという問題も起きています。

▼ "ビットコイン" と "イーサリアム" について

松尾：では、具体的にビットコインを使うときの話をしようと思います。たとえば、お金を貸すという作業などを、ビットコインを使って行うことはできますか？ また、事業の融資などで、お金の貸し借りを想定した場合はどうでしょう

か？

草太：友人同士でのビットコインを使った、貸し借りのサービス
　　　は行われています。しかし、事業融資などのビジネスは、
　　　ビットコイン上ではまだありません。

　　　　そこで、なぜできないのか、という説明をしようと思う
　　　のですが、その前にまず、"イーサリアム"の話をしてお
　　　こうと思います。いま話にあった融資事業などが、なぜビッ
　　　トコイン上でできないのか、という疑問にも答えられると
　　　思います。

松尾：その"イーサリアム"とは、どのようなものですか？

草太：これは、ビットコインとは別のブロックチェーンです。"イー
　　　サリアム"というブロックチェーンのなかでは、融資事業
　　　などを行うことができます。実は、このイーサリアムがで
　　　きてから、ブロックチェーンというものが大きく取り上げ
　　　られるようになりました。では、なぜそういったことでき
　　　るのか、説明をしていきたいと思います。

　　　　ビットコインは、通貨を非中央集権化することで管理者
　　　をなくし、正当性を証明することを利点としてきました。
　　　しかし、これは通貨の領域にとどまっており、そのため、
　　　通貨の取引のみに使う範囲が限られていました。しかし、
　　　イーサリアムというブロックチェーン上では、エンジニア
　　　が書くプログラムコードをブロックチェーン上に保存する
　　　ことができます。なぜこれが画期的であるかというと、こ
　　　こに保存されたプログラムデータは、すべての人に管理さ
　　　れ、且つ、信用できるものになるからです。

草太：たとえば、さきほどの話にも出た融資事業を行うプログラ
　　　ムコードを、イーサリアムのブロックチェーン上に保存す
　　　ると、その融資事業も運営することができます。

松尾：なるほど。

草太：これは、"スマートコントラクト"と呼ばれるものです。

松尾：はじめて聞きました。

草太："スマートコントラクト"というのは、ブロックチェーン上に書くプログラムコードのことをいいます。従来のプログラムコードは、管理者（会社や企業）のなかで書かれたものなので、中央集権的であり、私たちはその正当性を検証することができず、その管理者（会社や企業）を信用するしかありませんでした。しかし、スマートコントラクトは、ブロックチェーン上に書かれたプログラムコードなので、誰もが検証可能であり、しかも、管理者（会社や企業）を必要としません。これが、新しいムーブメントとなっています。このようなわけで、イーサリアムというブロックチェーンが、いま大きく注目されています。

　　たとえば、現在有名なビジネスモデルとして、"シェアリングエコノミー"というものがあります。Airbnb や Uber といったものがありますよね。Uber の場合、Uber がアプリを通して、働いている私たちと Uber 事業者を仲介していることになります。この場合、私たちは Uber を信用しなくてはなりません。なぜなら、Uber がいないとお金の取引も契約も成立しなくなるからです。だけど、この Uber が"スマートコントラクト"に置き換わったら、私たちは Uber のような特定の管理者を信用しなくてもよくなります。せいぜい、そのプログラムコードを書いた会社（または組織や人）の定期的なメンテナンスを信じるだけとなりますが、その場合でもブロックチェーン上に記載されるので、常に検証することが可能となります。そのため、シェアリングエコノミーは、将来的には、スマートコントラクトによって運営されることになるだろうといわれています。

※スマートコントラクト：契約とその履行条件をプログラミングすることで、自動的に取引を行うことができるシステム。

松尾：はじめて聞くことばかりで、驚きですね。たとえば、"メルカリ" が現に行っているサービスがありますよね。そういった具体的な例を取り上げて、いまの話を詳しく説明してくれませんか？

草太："メルカリ" の場合ですね。ではここでは、仮に〈ブロックチェーン・メルカリ〉と呼びましょう。たとえば、僕が松尾先生と取引をするとしますね。僕がこのスマホがいらなくなったので、〈ブロックチェーン・メルカリ〉上に出品します。次に、松尾先生が、〈ブロックチェーン・メルカリ〉上で、欲しかった僕のスマホを見つけたとします。お互いの利害が一致したので、契約を交わします。そして、僕は松尾先生にスマホを配送します。いままでのメルカリでは、松尾先生は僕に代金を支払わなくてはなりません。それを可能にするのは、メルカリという管理者が松尾先生を監視しているからです。これは、僕と松尾先生がメルカリを信用しているから成り立ちます。でも、メルカリがなくなったとしたら、松尾先生は代金を支払わずに、逃げ出すこともできてしまいます。僕が、この契約が成立しなかったことを、警察などに訴えたところで、この契約を交わしたという事実を、誰も証明してくれません。

松尾：では、〈ブロックチェーン・メルカリ〉では、どのように証明するのでしょうか？

草太：〈ブロックチェーン・メルカリ〉ではどうなるか。そこでは、スマートコントラクトが、取引の真正性を証明してくれます。スマートコントラクトでは、情報がブロックチェーン

上に記録されているので、松尾先生と僕の取引記録を、確実に証明することができます。従来のメルカリでは、松尾先生と僕の取引には、メルカリに支払う手数料がかかっていましたが、その手数料を払う必要はなくなります。また、メルカリが不正を犯すリスクもなくなります。ビットコインと同じようなメリットが、スマートコントラクトの場合は、すべての契約において実現されます。

松尾：これは、ビットコインでは、できなかったことですよね。

草太：ビットコインでは、通貨の取引しか行えませんでした。サトシ・ナカモトは、あくまでも個人間の通貨の取引しか、想定していませんでした。しかし、2014年にロシアのハッカー、ヴィタリック・ブテリンが、通貨だけでなく、すべてのプログラムコードをブロックチェーンに保存する"イーサリアム"を構想し、それに集った多くの会社が、このイーサリアム上で開発を行いました。**ビットコインによるブロックチェーンと、イーサリアムによるブロックチェーンは、システムこそ似ていますが、ビットコインは通貨の取引を記録**していくこと、そして、**イーサリアムは契約が行われたことを記録**していく点で、違いがあります。

> ※ヴィタリック・ブテリン：ロシア系カナダ人のプログラマ、起業家。暗号通貨イーサリアムの考案者として知られている。

松尾：なるほど、そういうことなのですね。

草太：現在では、このイーサリアムを模倣したブロックチェーンがたくさんできています。また、イーサリアムは、ブロックに記録されるのに14秒かかりますので、ビットコインの10分よりもはるかに速いのですが、ユーザーからするとまだまだ遅い数字です。さきほどのメルカリの例も実用

段階ではありませんし、早熟なテクノロジーだといえます。そのため、これからの開発が期待されています。

松尾：イーサリアムもまたビットコインのような通貨単位を持っているのですか？

草太：はい。イーサリアムにも"イーサ"という通貨単位があります。これもまた、マイナーが検証作業を行えば、報酬として得ることができます。

日常生活に進出するテクノロジー

▼管理者が"ブロックチェーン"に置き換わったら
　…労使関係から考える

草太：現在、Uber や Airbnb といったシェアリングエコノミーが、盛り上がっていますね。

松尾：もちろん、知っていますよ。

草太：シェアリングエコノミーが成長することで、経済の発展に

つながっていると言えると思います。しかし、問題も起こっています。たとえば、運営側の収益となる手数料が高すぎるのではないか、という問題があります。あとは、労使関係の問題。

松尾：実際、そういったシェアリングエコノミーの現場で働いている人は、雇われているわけですが、"個人事業主"として扱われている、という問題がありますよね。雇う・雇われるという関係ならば、運営側が払わなければならないあらゆる義務が生じますが、「空いている時間に働いています」という"個人事業主"の立場では義務が履行されないため、酷使されるという問題がありますね。

草太：具体的にどういった問題が挙げられるのでしょうか？

松尾：タクシーの例を挙げてみますね。タクシーを運営する会社とそこで働く運転手は、雇用関係を結んでいるので、そこには労働法規上の義務が発生するわけです。ですので、低い賃金で運転手を働かせるわけにはいかない。まぁ、実際には、そんなことも起こっているわけですが（笑）ただ、一応それはダメです、ってことになるわけですよ。

　そうではなくて、「空いている時間に自家用車を運転してあげます」という白タクのような、時間のある人が必要としている人にクルマを提供してあげる、という Uber が元々出しているコンセプトっていうのは、どう考えてもこれはタクシー業ですよね。事実としては、空いている時間に少し手伝ってあげているだけです、という形式を取ることで、クルマで運ぶ人が安い賃金で働かされているにすぎない。運営側は雇う側の義務も果たさず、手数料で儲ける、そういう問題が起こっていますね。

草太：これは確かに大きな問題ですね。そこで、仮にシェアリングエコノミーの運営が、ブロックチェーンに置き換わった

らどうなるだろうと考えてみました。

　まず、メリットとして、そこには中央の管理者がいないので、手数料を多く支払う必要がなくなるということが挙げられます。これによって、タクシーの運転手は、より多く収益を得ることができます。ただ、デメリットとしては、管理者がいないので、運転手と、そのユーザー（顧客）との間でトラブルが起きたとき、誰が責任を取るのか、という問題が起こります。このデメリットについては、どうお考えですか？

松尾：管理者がいなくて、そのトラブルの当事者が明らかな場合には、その当事者間で責任を取るなど、解決することはできると思います。

　ただ、Uber の持つ現実的な問題としては、これは明らかにタクシー業であって、トラブルに見舞われる人間は雇われている人間だけど、そうは認識されていない。本来ならば、ここで運営側がそのトラブルの責任を引き受けなくてはならないのに、現場にすべての責任を押し付けている。これが一番の問題ですよね。

　ブロックチェーンを中央に置くことで、こういった問題を防げるのか、またはますます酷くなるのか、ということですよね。

草太：ますます酷くなる、そんな気がしないでもないですね。なぜなら、そこでの契約はブロックチェーンに刻むことはできますが、契約外のことはブロックチェーンに刻む義務はないので、誤魔化すこともできてしまいます。Uber が管理者にいるとトラブルのときに仲介に入って、責任などに関する請求はできます。第三者がいないとなると、一対一のやり取りにしかならず、トラブルの解決には向かわない可能性があります。

▼協同組合というかたち

草太：ブロックチェーンを管理者にするメリットは、手数料を減らすことで運転手に少しでも収益をもたらすことでした。しかし、もしものときのリスクが高すぎるという問題がありますよね。

　　　もちろん、「ブロックチェーンが管理者になったとき」というのはテクノロジーが進んだ未来の話ではあるのですが、一方で、シェアリングエコノミーを後退させて、協同組合という形でUberのようなことをしている事業もあります。つまり、管理者が存在していて、一定額を収めた人が市や州単位のネットワークに入ることができて、収益が集まったときに全て分配される。そういったモデルも考えられています。

松尾：そういうものがあるのですね。

草太：これは、実際にアメリカのデンバー州で行われています。

松尾：それは、面白いですね。

草太：ただし、どういう姿が一番正しいのか、と考えさせられますね。おそらく、このモデルはこれ以上拡大はしないだろうなと考えています。

　　　自分のクルマを一日中走らせて人を運ぶということは、ボランティア精神の強い人でないとできません。そのため、この貢献をする人と、しない人に分かれると思われます。したがって、貢献している人が不利になります。なぜならば、貢献しない人と同じ分配額をもらうことになりますからね。最終的に、この貢献する人たちはこのネットワークから出ていき、Uberで稼ぎ出すでしょう。結果、このネットワークはこれ以上普及しなくなると思われます。

松尾：そうだとすると、実際に貢献しているかを調べて、その貢

献度合いによって、分配額を変えるようにすれば良いのではないでしょうか？

草太：それだと、Uber と何が違うのかとなってしまいますね。

松尾：確かにそうなりますね。ただ、非中央集権的に管理できるものがあるならば、Uber に頼らずに協同組合のメンバーが成員になって、貢献度合いによって分配額を受け取ることができる、そういったことを組織することはできるわけですね。

▼自由を目指すか、平等を目指すか

松尾：そのシステムを考えているコアの人たちは、集権的に管理されるということに反対する哲学を持っているとか、そういった人たちなのでしょうか？

草太：デンバー州の組合の例では、ブロックチェーンはほとんど関係なくて、普通のアプリケーションです。そのため、Uber の縮小版といったところですね。それに付け加えて**「平等の精神に基づいた、貢献の精神に基づいたネットワーク」**と言うことができます。協同組合として、収益を目指さないというかたちの運営スタイルです。

松尾：ということは、ビットコインなどを考えている人たちとは、別の精神ということですね。

草太：そうなりますね。**ビットコインをしている人たちの精神は、より自由であること、**そのために中央集権的な人たちを嫌っているのだといえます。「中央の人たちに収益が集まる構造があるのだとしたら、僕たちは非中央集権的にしていきたい。だって、その方が公正でしょう？」という主張にまとめられます。**協同組合の人たちも、ビットコイン**

の人たちも、**公正さを目指しています**。「Uber じゃなくて、私たちだ」と。ところが、どっちが良いのか。これを決めるのは難しいですね。

▼ "クリプトアナキズム" について

草太：" クリプトアナキズム " は、「個人のデータを、個人の手元に戻そう」という精神です。自分たちのプライバシーを自分たちが所持することで、中央機関に依存しないようにするということです。

松尾：中央機関というのは、会社や国といったものですね。

草太：中央機関に依存せず、個人のデータを自分たちの手元に取りもどそう、という考えです。この " クリプトアナキズム " という考え方と、先程の協同組合の考え方は、少し違いますね。ビットコインの人たちは、プライバシーの問題を掲げています。一方、協同組合の人たちは、貢献について語っています。

松尾：協同組合の精神というのは、メンバーが水平につながるということなので、ブロックチェーンという技術の利点を生かして、彼らの精神に基づいた運営をすることもできるはずですよね。

草太：そうですね。しかし、協同組合は、分配方式にする必要があります。したがって、" 自律分散型組織 " になっていくわけですが、この " 自律分散型組織 " というのは、誰でも自由に入退場できるものです。もし、組織内に不平等が生じたなら、退場に制限をかけられないので、組織が荒廃する可能性が出てきます。だから、プログラムがどこまで人を制御できるのかという話になるわけです。

▼「自律分散型組織」＝ＤＡＯとは？

草太：この「**自律分散型組織**」＝ＤＡＯ（Decentralized Autonomous Organization）という概念を改めて説明します。**これは、非中央集権的な組織、管理者の存在しない組織**を表します。このような概念が、ブロックチェーンという技術を使って世間で一般的になっていくと、将来的には、経営者の必要ない会社が生まれていくと考えられます。こうした組織が生まれていくことに関して、松尾先生はどのように考えられますか？

松尾：まず、技術の方向性としては、そのようなことが可能になっていくだろうなと思います。そういった未来に向けて、意識的に取り組む人々が作っていくことで、非中央集権的な組織ができていくと思います。ですが、現状、これらの技術に関しては一般的な人たちはド素人なわけでして、でもド素人でわからない上に、ユーザーでもあるわけです。このままでは、システムを使える人と使えない人といった違いが出てきて、使いたくても簡単には使えない人も出てくるでしょう。そうすると、実質的に管理者が出てくる事態になりそうですよね。

草太：核になる部分が、スマートコントラクトでも、それを制御する誰かがいなくてはなりません。では、「その管理者は誰だ？」となると、「その組織の幹部の人たちだ」となりますよね。ここに課題が残ります。

松尾：技術の面がより進むことで、ド素人でも、まったく対等に使えるようになるのか、という課題ですよね。

草太：面白い話があります。少し前に「ＡＩが仕事を奪う」という定説がすごく流行って、労働者がいなくなるのでは、と

いうことが話題になりました。経営者からすると、労働者がいなくなるとコストが下がるので嬉しいわけです。だけど、いまはブロックチェーンという技術ができました。すると今度は、「経営者がいらなくなる」と言われているわけですよ（笑）誰もいないじゃないか、という話ですよ（笑）

一同：（笑）

草太：ただ、そんな未来に向かっている、という気もしています。

▼トークン・エコノミーとは？

松尾："地域通貨"というものが、一時期流行ったじゃないですか。

草太：ありましたね。

松尾：最近は、ぜんぜん聞かなくなったけど。地域通貨もいろんなタイプがありました。たとえば、介護サービスをするというときに、その対価が"地域通貨"として帳面に刻まれて、その地域通貨を他の何かに使うことができますよ、というシステムがありました。ただ、なかなか狭いグループでとどまって、結局広く普及することなく、いつの間にかなくなっているような気がしますが……。しかし、その精神というのは、ブロックチェーンのものとかなり近いと思いませんか？

草太：その通りです。そのため、ブロックチェーンでも、地域通貨を復活させようとする動きもあります。そうすると、スマートコントラクトで中央の仕事がコードに書き換えられます。いままで、地域通貨が流通しなかった理由のひとつは、中央にいる人たち、つまり地域通貨を管理している人たちにとって割に合わない仕事の量になるからだと思います。仕事の負担があまりにも大きすぎます。

松尾：確かに、地域通貨が普及すればするほど、中央で働く人の負担が大きくなりますね。

草太：また、この地域通貨そのものにも拡大しにくい特徴があります。あらゆる場面で使いにくいということです。使用できる範囲に限界があるからです。でも、ブロックチェーンでそれをやってみる場合、スマートコントラクトによって中央の仕事が置き換えられ、コードによって制御できるようになります。したがって、分配方式をどのようにするのか、どこで使えるのか、ということも制御できるようになります。つまり、人に依存する仕事が少なくて済みます。これで、地域通貨というものが普及しやすくなると思います。

さらに面白いのは、先程のイーサリアムの話のなかで、"イーサ"という通貨があると言いましたよね。イーサリアム・ブロックチェーンでは、イーサ以外の"トークン"と呼ばれる新しい通貨、これを作ることができます。

松尾：イーサリアムという共通のブロックチェーンの上に、ということですか？

草太：上に、です。イーサリアムの上に、イーサが基軸の通貨としてあります。そして、その上に新しい通貨をたくさん作ることができます。これは、**"トークン・エコノミー"**と呼ばれるもので、コミュニティなどを立ち上げるときに、トークンをこのコミュニティのなかで流通させて、コミュニティ内の「貢献しよう」という気持ちを促進させる働きにつながります。たとえば、こういったトークンを、会社内通貨として会社内に流通させてみよう、地域でこういったトークンを取り入れてみよう、といったことができるようになります。

通貨というものは、流動性がないとその通貨の価値も上

がらず、それゆえ、**誰も使わなくなっていきます**。しかし、**このトークンという通貨であれば、コミュニティ内の流動性もあり、価値を下げることなく使えます**。以上のように、ブロックチェーン上でなら、地域通貨の普及も可能ではないでしょうか。

松尾：すごく面白い話ですね。地域通貨の話を例にすると、私が草太君に、「経済学の先生をします」と言うと、元々何もないところから、私の通帳に地域通貨が記帳されるわけです。先程のイーサの話ですと、それはマイニング作業によって生まれるわけですか？

草太：詳細に話すと、イーサリアム上の新しいトークンそのものは、直接マイニングによって生まれてくるわけではありません。コードを書いた開発者が組織内のどこで、どのタイミングで発行されて、どの値が付けられるか、という仕組みを作ることができます。マイニングによって生み出されたイーサは、このコードに従って、新しいトークンに変換されます。

松尾：そういうことか。そうだとすると、もっと大規模なコミュニティのトークンがあったとして、そこで銀行というものを作りましょう、という話になったとしましょう。すると、その銀行は、何もない状態にもかかわらず、「では、融資しましょう」と言うことができるわけですか？

草太：いまのところ、僕はその実例をみたことはないのですが、うまく仕組みさえできれば、できるのではないかと思います。

松尾：なるほど。

草太：他にも次のような使い方が考えられています。キリスト教徒が宗教コインのようなものを発行しようとしています。これは"キリスト・トークン"と呼ばれているのですが、

そういったものを発行しようとするプロジェクトもあります。これによって、「トークンをあげるから、こういうことをしてね」というインセンティブ設計を組めるようになります。そうすると、キリスト教徒を増やすという布教活動につながるかもしれません。

松尾：まるで、免罪符みたいですね（笑）

草太：**地域通貨、企業内通貨、宗教通貨、あらゆるコミュニティのなかにトークンが浸透していく。これが"トークン・エコノミー"と呼ばれるものです。**

松尾：面白いですね。そうすると、生協や介護事業、福祉の協同組合といった組織が一緒になることで、たとえば、誰かが介護のボランティアをしたとすると、報酬として生協で使えるトークンを貰うことができる、みたいなことを設計できるわけですね。

草太：はい、できます。いままでの電子通貨などは、ポイントとして貰えたわけです。では、そのポイントとトークンの違いは何か？それは、ポイントが日本円に換えることはできないのに対して、**"仮想通貨（トークン）"は換金できる**ということです。そのため、インセンティブが働きやすいんです。日本円に換金できるならやってみよう、となりますからね。そういった面でも仮想通貨、そして"トークン・エコノミー"は可能性があるではないかと思っています。

松尾：地域通貨などがあまり普及しなかったのは、ここに問題がありました。たとえば、福祉事業なんかで食事を作るサービスをします、というときに、サービスそのものと原材料に費用が掛かるわけですが、その原材料に関しては日本円で買わなくてはならないという問題があった。それを克服しようとしたら、その原材料を売るところも同じコミュニティに入れなくてはならなくなります。でも、それを増や

すことで、介護の場と原材料の売り場が遠くなり、組織としては運営が難しくなりますよね。しかし、トークン・エコノミーだと、それが割と簡単にできるわけですよね。

草太：それに流動性があるので、何をするにも実行しやすいです。まだまだ、問題はありますが。

　先程のビットコインの話でもあったように、価格変動が激しいので、トークンを作ったところで、あまりの価格変動の激しさ（ボラティリティの高さ）に、誰も持ちたくないと思って、稼いだ瞬間に日本円に換えてしまいます。そうするとコミュニティが成立しないですよね。それを防ぐために“ステーブル・トークン”と呼ばれる価格の安定した仮想通貨を作ろう、というプロジェクトもあったりします。

　実用に向けて、まだまだ多くの課題があります。

▼ビットコインの拡大とマイニングの発展

松尾：この話を聞いて思ったのですが、もともとビットコインなどを通して取引が拡大し続けているわけじゃないですか。それも時間が経つほどに増えていくわけですよね。そうすると、記録しなくてはいけない作業、つまりマイニングの作業ですね、これも大きくなるのですか？

草太：半分はその通りだと言えます。どういう意味かと言いますと、ブロックを作っているマイナーの人たちは、10分に1回、処理する場所に集まれば良いだけなので、そこで処理が重たくなることはありません。ただし、このマイナーになるためには、過去のブロックチェーンをすべてダウンロードしなくてはなりません。

松尾：マイナーになるために、ですか？

草太：そうです。新たに追加するブロックと、過去のブロックとの互換性を持たせるためには、自分の持つブロックチェーンをすべて完璧に揃える必要があります。そのデータは、これからもずっと増えていくと思います。そのため、マイナーになるハードルは高くなっていくでしょうね。

松尾：「何もないところからビットコインを得るためのハードル」というものが、高くなっているわけですね。

草太：その反面、簡単にマイナーになるサービスを作る人たちも出てきます。そうすると、「僕もマイナーになろう」という人も増えるでしょう。

松尾：そういった面で、技術革新が進むと、簡単にマイナーになる可能性もあるわけですね。

草太：マイナーになると、自分のパソコンのＣＰＵが、勝手にマイニングしてくれて、自分は何もしなくてもビットコインを稼げるようになります。そうすると、一生無職でマイニングだけをするという人も出てくると思います。

松尾：基本的にコンピュータがやってくれるということ？ こっちは何もしなくても？

草太：そうです。

松尾：それって、コンピュータ技術が上がって、より発展したコンピュータを持つことで、自分が有利になるということですか？

草太：はい、そうなります。もし量子コンピュータができたとしたら、可能でしょう。しかし、量子コンピュータができたとしたら、危険でもあります。なぜならば、ブロックチェーンというのは、１つのコンピュータの計算能力が全体の51％を超えると、改ざん可能となってしまうからです。現在のところ、それだけの能力を持ったコンピュータが存在

しないので、非現実的な話なのですが、誰かがそのような
コンピュータを作って、マイナーとして、ビットコインの
記録を改ざんして逃げ切ることも、シナリオとしては可能
となるのではないか、という話も出ています。そういった
リスクは、今後の技術の発展に伴って出てくるでしょうね。
　暗号って、いつか必ず破られる運命にあるわけじゃない
ですか。いままでの歴史においても。ブロックチェーンも
大量の暗号を使っていて、いつかどこかでブロックチェー
ンが終わるのではないか、とも言われています。

松尾：それが、ブロックチェーンの終わりの可能性の話なのです
　　　ね。

草太：量子コンピュータへの対策としては、こちら側も量子コン
　　　ピュータを持つことしかないでしょうね。

松尾：いたちごっこのようなことが起こるということも、考えら
　　　れるのですね。

▼ビットコインの供給量──その仕組みとは？

松尾：ところで、経済学者として気になるのは、ビットコインが
　　　生成されていく量というのは、増えたり減ったりするので
　　　しょうか？　というのも、段々と計算がハードになってい
　　　くと、出てくるビットコインの量は減っていくのではない
　　　かと思いまして。

草太：減るということはありません。10分に1回、必ず決まっ
　　　た量のビットコインが出てきます。また、その際に出てく
　　　る計算の難しさというのは、そのときのマイナーの数やそ
　　　のマイナーの計算速度によって、必ず10分でマイニング
　　　が終わるようにプログラミングされています。

松尾：計算そのものが、10分で終わるようにプログラミングされているんですか？

草太：そうです。このくらいの計算の難しさなら、いまのマイナーの計算能力なら10分で終わるだろう、という感じです。自動で調整されています。

松尾：それは賢いですね。

草太：そして、先程の質問についてですが、**ビットコインの供給量は2,100万ビットコイン**までと決まっています。

松尾：決まっているのですね。

草太：2,100万ビットコインまで供給されたら、マイナーたちの報酬はなくなります。さらには、いまはビットコインが増え続けているのでインフレ通貨ですが、2,100万ビットコインを出し終えると、デフレ通貨に変わっていきます。その視点からみてみると面白くて、未来ってどうなるのだろうと思いますね。

松尾：それって、いつくらい？

草太：140年くらい後です（笑）

一同：（笑）

松尾：10分に1回という頻度と報酬の量が決まっているから、140年後に2,100万ビットコイン、すべての報酬を出し終わることが決まっているのですね。

草太：ただし、ビットコインの開発者やそのコミュニティのなかで変更の決議が通れば、変わる可能性はあります。

松尾：では、自然な成り行きで、急に変更があるということはないのですね。

▼プログラミングされた計算

松尾：計算能力を考えて、10分で答えが出るようにしていると

　　　　いうことは、たとえば世界中のコンピュータの性能が上
　　　　がったとき、本来なら 10 分で終わるはずですが、実際に
　　　　は 1 分で終わることもありえるのですか？

草太：いいえ、計算の難しさが跳ね上がるので、結局その計算も
　　　　10 分で終わるようにプログラミングされます。

松尾：実際に行う計算というのは、検証作業のことですね。ハッ
　　　　シュ値を見つけるという作業。ではその計算の難易度を、
　　　　自分に有利になるように改ざんすることはできないのです
　　　　か？

草太：悪意のあるコア開発者がいると、その可能性はあります。

松尾：可能性はあるのですね。ということは、改ざんした 100 万
　　　　ビットコインを持っている人も存在しうるということです
　　　　ね。

草太：実は、そもそもビットコインの開発者であるサトシ・ナカ
　　　　モトは、とても頭の良い人で、自分がお金儲けをするため
　　　　にわざわざビットコインを作った可能性もある、という話
　　　　も出ているくらいですから。

松尾：そんな説もあるのですね。サトシ・ナカモトが持っている
　　　　ビットコインは、正当なマイニング作業を通して、生成さ
　　　　れたビットコインなのですよね？

草太：初期のビットコインは、彼自身がマイニング作業をしてい
　　　　ました。

▼インフレ通貨としてのビットコイン

松尾：ビットコインはインフレ通貨なのですか？ それはつまり、
　　　　時間が経つほど価値が下がるわけですか？

草太：インフレ通貨ではあります。供給量が上がっていますから

おなまえ　　　　　　　　　　　　　　　　　　　様

（　　　才）

ご住所

メールアドレス

購入をご希望の本がございましたらお知らせ下さい。
（送料小社負担。請求書同封）

書名

メールでも承ります。　book@shahyo.com

ね。ただし、需要も高まっていますので、単純なインフレ
　　通貨というわけではありません。

松尾：取引規模の拡大と、そして、いくら世の中に出回っている
　　のか、これらの総体で価値が決まるということですよね。

草太：そうなりますね。

松尾：そして、取引規模がどれだけ拡大しているか、ということ
　　に関係なく、供給は行われ続けているわけですね。現状で
　　すと、取引量の拡大の方が大きい、ということですよね？

草太：取引後の需要の方が大きいですね。

松尾：ということは、将来的にはデフレ通貨になるわけですね。

草太：そして、その後はデフレ通貨であり続けると考えられます。

松尾：140年後だと、私たちは生きていないと思うけれど、「将
　　来的にはデフレになりますよ」ということがわかっていた
　　ら、逆算していくと、どこかでインフレになって破綻する
　　なんてことはありえないですね。行き過ぎたインフレにな
　　ることはない。

　　　一方で、取引量の拡大が少ないというときには、ドルで
　　も日本円でも、そんなことが起こったら不況になりますよ
　　ね。ビットコインも、不況を起こすことはありますか？

草太：ビットコインは、まだ不況を起こせるほど世の中に浸透し
　　ているわけではないので、不況を起こすことはないと思い
　　ます。

松尾：つまり、現在ビットコインを使った取引活動は、それなり
　　に拡大はしているでしょうが、本来のポテンシャルに比べ
　　て、まだ拡大しきれていないと言えるのでしょうか？

草太：技術的な課題のために、拡大しきれていない点もあります
　　が、それを除いても拡大しきれていない面もあると思いま
　　す。ただし、ビットコインは最低単位ではなく、その下に
　　サトシといった位などが多くあります。そのため、かなり

細分化して使うことができます。

松尾：でも、将来価値が上がるのだったら、いまビットコインを使わなくてもいいですよね。つまり、いまはビットコインを貯め込んでおいた方が、将来的にはたくさんのものを買うことができますよね。

草太：長期的にみるのであれば、その方が良いですね。

松尾：そのために、取引に使われていないのかもしれませんよね。

▼クルーグマンの例え話とＩＣＯという新しい資金調達の仕組み

松尾：クルーグマンの本のなかで、「マンションに籠る」という例え話があります。

　同じ年頃の子供を持つ家庭が多く住んでいるマンションがあるとします。そこで、お互いの子供を預け合うことができたら時間を有効活用できるのではないかと考え、"子守り協同組合"みたいなものを、そのマンションのなかで作りました。そして、子守りをすることで、"子守り券"のようなものを貰えるようにしました。しかしながら、この制度は活発にはなりませんでした。需要はあるはずなのに、ですよ。どうしてなのか。この制度では、誰かに何かをしてあげることで券をもらうことができます。この例では、子供を預かるという行為が先に必要だったのです。ではどのように動かしたのか。最初に券をばら撒いたのです。そうすることで、この制度は活発になりました。

　デフレというのは、こういうことだという例え話ですね。ビットコインでも、少ないと貯める傾向になるのではないかなと思いました。

草太：ビットコインをばら撒くことはありませんが、トークンの

場合だとありえます。先程、トークンはたくさん作ることができるという話をしましたが、そのなかでも、株式資金調達のようなシステムで、仮想通貨を使った資金調達、ＩＣＯというものが、とても流行った時期がありました。2〜3年前のことです。たとえば、僕が何か事業をするときに、イーサリアム上で、「草太トークン」というものを作ります。この事業が成功して「草太トークン」の価値が上がると見込んだ人が、「草太トークン」をたくさん買い込みます。そして、僕は「草太トークン」をイーサに換えて、このイーサを日本円に換金して、事業を行うわけです。

　松尾先生が、先程話されたクルーグマンの話は、この話に近いかと思いました。まず、ばら撒くことから始める。そして、僕の事業が成功すると、出資者たちは、僕の事業のなかで「草太トークン」を使うことができます。この仕組みを、ＩＣＯと言います。

　　※ Initial Coin Offering：事業を立ち上げる際の資金を仮想
　　　通貨で集める仕組み。事業主がトークンを発行し、それ
　　　を買い取ってもらうことで事業資金とする。

松尾：まさしく、そういうことですね。
草太：ただし、このＩＣＯは詐欺ばかりになってしまいました(笑)
一同：(笑)
草太：そういう結果になってしまいました。

▼分散型教育プラットフォーム——ＯＤＥＭ

草太：ＩＣＯという資金調達方法が生まれたことで、イーサリア
　　　ム上で、新しい事業が生まれることになったのですが、そ

のなかの1つにODEMという組織がありまして、ODEMについて話してみたいと思います。

松尾：お願いします。

草太：ODEMとは、教育をブロックチェーンで変えよう、という事業です。シェアリングエコノミーに近い事業で、たとえば僕が松尾先生の授業を受けたいとします。ODEMのスマートコントラクトを使うことで、ODEM通貨を松尾先生に支払って直接契約を交わすことができます。そして授業を受けるという仕組みです。このような教育全般におけるマッチングを行うプラットフォームが出てきているのです。これが意味することは、学校に頼らなくてもよいということです。

松尾：教育ももはや中央集権的ではない、ということですね。

草太：ブロックチェーンを使ったエコシステムは、基本的に中央機関から脱する手段ということができますね。このODEMという事業については、どうお考えですか？つまり、学校での教育には限界がありますよね。でもそれが個人の間でマッチングできてしまうということに関してなのですが。

松尾：とても面白いと思いますよ。

草太：僕は教育に関心がありまして、いろいろと考えてみました。たとえば、マッチングによって、学校から外れたところで教育が行われると、誰がその人の能力を証明するのか、ということにつながると思います。すると、就活のときに「僕はODEMで教育を受けてきました」と言っても、誰も信用しないですよね。

　そこで、これはスマートコントラクトとは別の話なのですが、ブロックチェーンは、データを証明することができます。僕がODEMで学んできたことを、逐一ブロック

チェーン上でデータを刻んでおけば、学習歴ができるわけです。その学習歴を証明することは誰にでもできるわけです。そうすると、学校そのものが必要なくなるのではないか、と思いました。

松尾：でも、教員と生徒が示し合わせて、すべての教科を100点、100点、100点としても、ブロックチェーン上では、気付かれないのではないですか？

一同：（笑）

草太：確かに、そのような事態も考えられますよね。しかしながら、そのような不正があった場合には、何かしらのプログラミングで摘発するようにできるのではないかなと思います。同じ生徒に100点しか与えていないとか。その場合は、報酬を減らすとか。

　それに、「評価経済」が働くので、松尾先生が僕に不当な教育をした場合、僕は松尾先生の評価を下げることができるわけです。一方で、松尾先生も、僕の評価を下げることができます。評価し合っている状態になるので、自然と不正を行うインセンティブが低くなるわけです。たとえ、結託による不正が行われた場合でも、第三者が確認できるようなシステムを作れば、結託による不正もなくしていけるのではないかと思います。といっても、なかなか難しいですが。

　　　※評価経済：貨幣経済社会では、お金を介してモノやサービスを交換していたのに対して、評価経済社会では評価を元にモノやサービス、お金を交換する。

松尾：でも、可能性としてはありえますよね。そういったものを作り上げていこうと考えがあるならば、ありえないことはないと思います。学校をなくすわけですよね？

草太：そうですね。銀行はすでにブロックチェーンがあれば必要ないと言われていますし、学校も必要ないと主張するＯＤＥＭのような事業組織も現れています。つまりここには、中央集権的な機関を打倒するという意味合いが込められていて、そうなると、国家も必要ないじゃないか、というところまで話を進めることができるようになりますね。

松尾：それは、いらないじゃん。

一同：（笑）

松尾：まぁ、本当に要るか要らないかはわからないけれども、確かにね、アナキストの天国みたいなものを描けるわけですね。しかしながら、これは自然発生的にできていくわけではないですから、意識をしながら設計していかないと、一方では弱肉強食のようなシステムとして使うこともできてしまうわけですよね。

草太：その弱肉強食で思い出したのですが、トークンが増えて、それを作り出したコミュニティも社会に多く介在していきますよね。それって、市場原理が広い範囲に働くということですよね。それが、世界全体の規模で行われたとき、貧富の差というのは、さらに酷くなるのではないかと言われているのですが、これについてはどのようにお考えですか？

松尾：使い方の問題ですよね。将来的には、そういった市場原理に対抗していくコミュニティみたいなものが設計されていくのでしょうけど、過渡期で、まだそこまでいかない段階ですと、何かしらの公権力がないといけないでしょうね。

草太：何かしらのかたちで再分配をしていくとか、ですよね。

▼『資本論』──なぜ貨幣が力をもつのか

松尾：『資本論』では、次のようなことが論じられています。な
　ぜ貨幣が力をもって、みんながお金を欲しがるようになる
　のか、さらにはなぜお金が膨らみ続けることで資本となり、
　やがて人びとが資本に支配されるようになるのか──この
　ようなことを論じているのが、『資本論』の大まかなストー
　リーです。

　　なぜ貨幣というものが出てくるのか。あらゆる商品生産
　者というのは、当然あらゆる商品を作っています。しかし、
　そこでの労働は私的な労働であり、社会的な労働とは一致
　していません。

　　この「私的な労働であって、社会的な労働ではない」と
　いうのは、様々な意味の取り方があります。僕の取り方は、
　たとえば、靴屋が靴を作るということがどれだけ社会の
　ニーズにあるのか。このことがわからず見込みだけで作っ
　ているうちは、私的な労働のままです。この靴が社会にお
　いて、どれだけ役に立つのかわからないわけですからね。
　そこで、社会の場で自ら作った靴を交換して、その靴屋に
　必要なものを手に入れることで、ニーズを証明するしかな
　いわけです。その交換方法が、最終的にはお金になるわけ
　ですよ。自分の労働が、どれくらい社会のニーズと合致し
　ていたのかが、事後的にわかる仕組みですね。

　　つまり、社会における助け合いの関係のなかに、入れる
　のか入れないのか、ということがお金で評価されるように
　なったのです。そのために、みんなお金が欲しいと思うよ
　うになり、お金というものが力を持っていくのです。

　　自分の作っているモノが、社会においてどれだけのニー
　ズがあるのか、これを事前に知らないのに作らないといけ
　ない。ここに、根本的な原因があると考えられます。

たとえば、お金に支配されない原始時代の共同体であれば、社会のニーズを知っているので、自分の労働と社会のニーズにズレがないのですね。そういう社会では、お金というものは必要がなくて、みんなに分配すればよいわけですよ。

　　お金に支配されない社会にするには、ニーズがわからなくて見込み生産をするということがなく、ズレがないような仕組みを作る必要があります。靴屋の場合、靴を生産するとき、誰がどれだけ欲しているのかが、あらかじめわかっていて、必要分だけを生産をするということです。でも、不確実性があるから、みんなお金にしがみ付くわけでして、ニーズが外れなければ働いた分の見返りを確実に貰える。

▼テクノロジーと人間の未来

松尾：今日、草太君の話を聞いていて思ったことは、ブロックチェーンというのは、取引そのものだけの記録だったら、基本的に事後的なものですよね。一方で、プラットフォームというものは、ニーズのあるものが何か、事前にわかる仕組みですよね。今後の発展の方向性としては、事前のニーズの把握とその後の取引記録が、しっかりと組み合わさることで、つまりシステムが構築されていくことで、お金に支配される社会というものを克服することができるかもしれない、という将来を感じますね。

草太：マルクスの場合は、それは社会主義だったのですか？

松尾：マルクスの場合は社会主義でした。それがどれだけ現実的であったのかは別の問題だとして、そこでは、社会にどれだけの靴が必要で、それにはどれだけの労働が必要なのか

を社会全体で集約します。そうすることで、社会のニーズとそれに対する労働の量は、外れることがありません。だから、働いた分だけものを受け取るという形で社会全体を組織することができる、というのがマルクスの考えですね。

　こういったことを、中央集権的な計画当局なしに行うことができれば、つまり、みんなの持っているニーズに基づいて労働すればいいということを、非中央集権的に行うことができれば、そういった可能性を開くことができるのではないかと考えることができますよね。

草太：めちゃくちゃ面白いじゃないですか。それができるようになるには、どうしたらよいのでしょうか。ＡＩが必要になりますね。

松尾：相当高い技術を持ったＡＩなどが必要になるのでしょうね。

【独占取材】

ODEM 分散型教育プラットフォーム

　ここまで見てきたように、ブロックチェーン技術には、企業によるプラットフォームの独占を終わらせる力が宿っている。理論上改ざんができないデータを作り出せるこの技術は、管理者不要のシステムを作り出し、あらゆるプラットフォームの分散化・脱中央集権化を実現する。

　ブロックチェーンを利用した教育プラットフォームの開発を進めるODEM（On-Demand Education Marketplace）は、既存のプラットフォームビジネスだけでなく、教育システムに対しても批判的な視線を投げかける。ODEMの教育プラットフォームでは、オンライン上で教育者と学生のマッチングが行われ、需要と供給が一致した者同士が自由意思によって契約を結ぶ。学生側から独自のカリキュラムを提案することも可能だ。

　ブロックチェーン技術を利用し、仲介者不要のシステムを作り出している点が特徴で、ハコを必要としないため地理的制約を受けず、世界中のどこにいても教育を受けたことを証明できる。教

育を受けた履歴もまたブロックチェーン上に記録されるが、これも改ざんができないため、その事実を証明する組織＝学校を必要としないのだ。

　教育を"学校"という中央から、人々の手に取り戻すというODEMの発想は、イヴァン・イリイチの"脱学校論"を想起させる。大学という閉鎖的な空間においては、実際の職場で活用できる知識や教養が提供されていない、というのがODEMの主張だ。

　スイスとサンフランシスコを拠点に、この教育プラットフォームの開発を進めるODEM。独占取材を通して見えてきたのは、既存の教育に対する批判的な視座と、テクノロジーを用いてオルタナティブを生み出し、現実を変えようとする固い意志だった。果たして彼女ら／彼らは、どのようにして学校のオルタナティブを作り出そうとしているのだろうか。

ODEM 独占取材
Answered on December 2018
　　　　Interviewee:
　　　　　　　Chris Donville (Communications Director)
　　　　　　　Alyssa Diaz (Marketing Project Manager)
　　　　Interviewer:　Hayato Saito

——ODEMを設立した理由と目的を教えてください。

　ODEMのミッションは、教育をより利用しやすく、手頃な価格で、地理的制約を受けず、証明可能なものにするために、ブロックチェーン技術を活用することです。これだけを聞くと、「どういうこと？」と思われることでしょう。私たちの目的は、分散型ネットワークを作りだす新たなテクノロジー［訳注：ブロック

チェーン］を利用し、より多くの人々が教育を受けられるようにすることです。そのために、教育にかかる費用の削減し、国境を越えても簡単に学歴を証明できるシステムの開発に取り組んでいます。

——ＯＤＥＭには、どのような教育者が集まっているのでしょうか。

　私たちの講師陣を一部ご紹介できることを嬉しく思います。ＯＤＥＭの教育者たちは、グローバルな教育のマーケットであるＯＤＥＭをリードしていく方々です。ジュネーヴ大学で教鞭をとり、Coursera で最も人気のビジネスコースを創り上げた人物としても知られるミシェル・ジラーディン博士も、その内の一人です。

　また、Diligent Plans の創設者でウェストポイント陸軍士官学校出身のクリス・ヤゲルも加わっています。クリスと彼のチームは昨年（2018 年）の末にＯＤＥＭのアーリーアダプターになりました。ＯＤＥＭのプラットフォーム上で、リーダーシップとチームビルディングに関する様々なコースを提供しています。

　移動の未来を考えるコンサルティングファーム、Silicon Valley Mobility の取締役社長であるスベン・ベイカーも、ＯＤＥＭの教育者の一人です。彼はスタンフォード大学経営大学院でマネジメント学を教える人気の講師で、自動車産業での経験が豊富な人物でもあります。

——グローバルな教育における最大の難関とはなんでしょう。ＯＤＥＭは、どのようにしてそれを克服しますか。

まず、問題を明確にしましょう。中等教育以降の教育機関について話しているのだとすれば、そのシステムは崩壊していると言わざるをえません。一流大学や有名校は、現代の学生たちの要求に応えることはできていません。質、コスト、カリキュラムの妥当性といった教育に関わる全ての領域において、真に価値のあるものを学生に提供することができていないのです。また、高等教育に限ったとしても、その費用はあまりに高額です。それに、大抵はエリートのニーズに答えているだけで、現実に使えるスキルや、雇用者が期待している知識を学生に授けることはできていません。不完全就業［訳注：能力を十分に発揮できない条件で就業している状態］は、失業に取って代わった新たなスティグマです。

ＯＤＥＭでは、学生たちは一流大学の教授陣と協力し、カスタマイズの授業を創り出すことができます。それは、目まぐるしく変化する雇用市場において、実用的なスキルを習得する生涯学習の一環となっていくでしょう。ＯＤＥＭのプラットフォームでは、教育費とそれに関連するサービスの費用を自分たちで管理し、価格交渉を行う力を身につけられるように、提供される情報のバランスは学生の側に有利なものとなります。

――高等教育へのブロックチェーンの利用は、近年の流行になりつつあります。“分散化”と“選択”というコンセプトは、ＯＤＥＭのバリュー・プロポジション（価値命題）にどのように作用するのでしょうか。

“分散化”と“選択”は、ＯＤＥＭプラットフォームの核となるものです。ＯＤＥＭでは、専門的な教育プログラムの多多様さ、一般科目における広範囲にわたる教育コンテンツの量がその特徴になります。私たちは、より良い選択肢を提供するだけでなく、

その提供方法の柔軟さも重視しています。個人指導からオンライン、そのハイブリッドに至るまで、あらゆる年代の学習者の希望に応じたスタイルで教育を提供します。

　ＯＤＥＭは、生まれつき分散化（Decentralized）されたプラットフォームです。4大陸、10カ国以上に40名以上の従業員とコントラクターがおり、教育へのアクセスを向上させるために、プログラムの提供、プラットフォームの構築、そして一流大学との協働を進めています。ブロックチェーン技術と分散型ネットワークを用いたＯＤＥＭのプラットフォームは、いかなる司法の管轄下においても、教育者と学生のニーズに応え、教育の成果を立証する証明書を発行することができます。

——1970年代、イヴァン・イリイチは教育のオルタナティブな形態として、文通を提案しました。今日、ＯＤＥＭはブロックチェーン技術を用い、異なる手段を提示しています。テクノロジーは教育の成果を向上させると思いますか。また、将来を見据えた時、学生たちに必要なスキルとはどういったものでしょうか。

　テクノロジーとインターネットが教育を進歩させるのか、という点については、様々な意見があるでしょう。私たちは、テクノロジーが指導のツールとして適切に利用された場合には、極めて価値のあるものになると考えています。一方で、テクノロジーは時に心を乱すものにもなり得ます。その限界に直面して停滞することなく、その利益を享受するためにも、社会として、教育の場におけるテクノロジーの影響をチェックし、見極めていく必要があります。

　通信（correspondence）が学習にとって価値あるものだという

点では、イリイチ氏は全く正しかったと言えます。今ではＩＣＴによって、誰もがモバイル端末で世界中の情報にアクセスできるようになりました。私たちは、地球規模でほぼ瞬時に通信することができるようになったのです。これらのツールは、教育に国境を越えていく力を与えました。

　私たちが教育において抱えている問題は、教師が時代遅れのツールを使い続けているということです。それでは、学習のために建設的な方法で情報を見つけ出してシェアするような、今日の学生の能力にはついていけません。

　今得るべき最も重要なスキルについては、私たちの考えをまとめた表（149頁）をご覧ください。

——ＯＤＥＭはグローバルなプロジェクトです。どのようにして
　　言語の壁を乗り越えていくのでしょうか。

　まず、日本語で"オデム"に悪い意味がないことを心から願っています。私たちは、手始めに英語で運営を開始し、次にその他の言語に拡張していく予定です。ＯＤＥＭが成長するに従って、コミュニティ・マネージャーとテクニカル・マネージャーを世界中に配置していきます。彼女ら／彼らが、各地域でこのプラットフォームをローカライズし、現地のニーズと言語に対応させていきます。

——ＯＤＥＭプロジェクトの展望を教えていただけますか。

　ＯＤＥＭはまだ、日常的に耳にするような名前にはなっていません。ですが、５年以内には世界中で知られることになるでしょ

う。現在は、学生たちの需要に応えるための前段階として、著名な教育者たちをこのプラットフォームに迎え入れることに注力しています。楽しみな点は、学習の成果を向上させることと、生涯学習に取り組む人々と雇用者のつながりを強くしていくことです。読者の皆さんが、「教育をより利用しやすく、手頃な価格で、地理的制約を受けず、証明可能なものにする」という私たちの取り組みに加わってくださることを願っています。

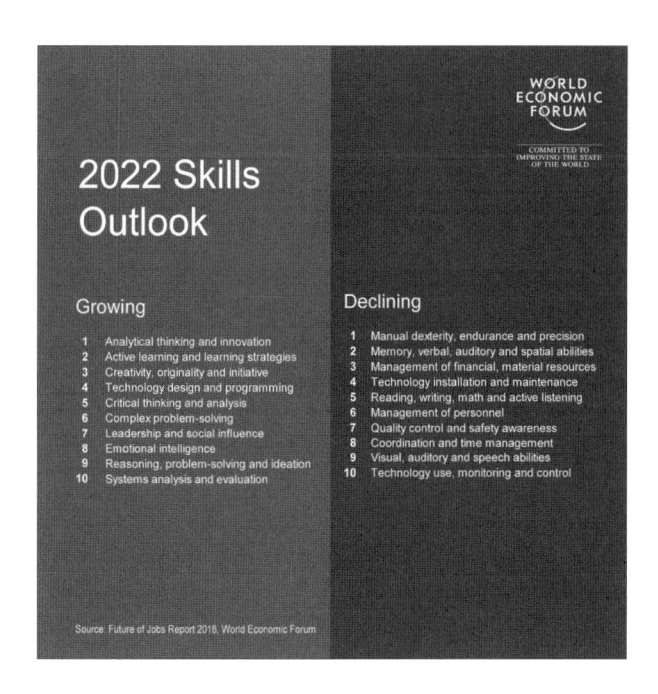

Exhibit 1: Students require 16 skills for the 21st century

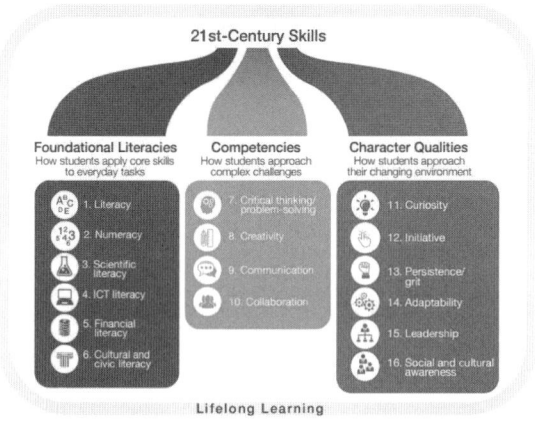

Note: ICT stands for information and communications technology.

Source: https://www.weforum.org/agenda/2016/03/21st-century-skills-future-jobs-students

ODEM: On demand
education marketplace

ODEM Exclusive Interview
Answered on December 2018

Interviewee: Chris Donville (Communications Director)
              Alyssa Diaz (Marketing Project Manager)
Interviewer: Hayato Saito

——Why did you create ODEM and what are you trying to achieve?

We like to say that ODEM's mission is to use blockchain technology to make education more accessible, affordable, transferable, and verifiable. You're probably wondering, what that means? We're committed to using the emerging technology of decentralized networks to make education available to more people by driving down the cost and striking down barriers that impede the acceptance of academic credentials across borders.

—— Who are ODEM's educators?

We'd be delighted to tell you about a few educators who are leading the adoption of the ODEM Platform as a global education marketplace. They include Dr. Michel Girardin, a lecturer at the University of Geneva and the co-creator of one of Coursera most popular online business courses.

I'd also introduce Kris Yagel, the founder of Diligent Plans and a graduate of the U.S. Military Academy at West Point. Kris and his team became early adopters late last year (2018) and are offering a wide selection of courses on the Platform about leadership and team building.

Another of our educators is Sven Beiker, Managing Director of Silicon Valley Mobility, a consulting firm that focuses on the future of mobility. He's a respected lecturer in Management at the Stanford Business School and a veteran of the automotive industry.

———What are the global education system's biggest challenges? How does ODEM solve those issues?

First let's define the problem. If we're talking about post-secondary institutions, the system is broken. I don't believe today's students are well served by top universities and colleges. Over the full spectrum of education -- quality, cost and the relevance of curriculum -- these schools are failing to provide students with real value. Higher education also costs too much, predominantly serves the needs of elites and isn't equipping students with real-world skills and knowledge demanded by employers. Underemployment is a stigma that has replaced unemployment.

ODEM empowers students to collaborate with top university professors to create customized educational experiences, part of a life-long process of keeping skills relevant in fast-changing job markets. The Platform tips the balance of information in favor of students to increase their ability to manage and negotiate the cost of their education and related services.

———Using blockchain for higher education is certainly trendy. How do the concepts of "decentralization" and "choice" explain ODEM's value proposition?

Decentralization and choice are the core of the ODEM Platform. It will feature a wide variety of high-quality academic programs and the most comprehensive catalog of educational content on popular subject areas. Not only do we offer greater choice in content, we emphasize flexibility in delivery styles ranging from in-person instruction to online and blended learning to suit the preference of students and adult learners.

ODEM is decentralized by nature. We have over forty employees and contractors in ten countries on four continents helping to deliver educational programs, building the Platform, and working with top universities to improve educational access. What's more, the Platform's foundation in blockchain technology and distributed networks enables the creation of verified certificates of academic achievement to meet the needs of educators and students in any jurisdiction.

———In 1970's, Ivan Illich suggested correspondence as one alternative form of education. Today, ODEM is introducing another way with blockchain technology. Do you agree that technology improves education outcomes? Looking to the future, what skills will students need?

People have mixed opinions on whether technology and the internet improve education. We believe that technology, when applied correctly as a teaching tool, is extremely valuable. We also know that technology can sometimes be a distraction. As a society, we need to monitor and assess the impact of technology in the classroom to reap the benefits without being bogged down by its limitations.

Mr. Illich is absolutely correct that correspondence is a valuable means of learning. Information and communication technology has made the world's information available to everyone with a mobile device, which gives us the ability to correspond with others globally and nearly instantaneously. These tools allow many benefits of education to flow across borders.

The problem we have in education is that some teachers are using century-old tools that can't keep pace with a student's ability to find and share information in a measurable and constructive way that works towards learning outcomes.

In response to your question about the most important skills to acquire, we've included a graphic on the right page that neatly summarizes our thinking.

———ODEM is a global project. How do you overcome the difficulty of the language barrier?

First of all, we sincerely hope that "ODEM" doesn't mean anything bad in Japanese. We intend to operate in English to begin with and to expand into other languages. As we grow, we will onboard community and technical managers around the world to help localize our Platform to specific jurisdictions and make sure it's relevant to local needs and languages.

——Would you tell us about future perspectives of the ODEM project?

ODEM isn't a household name yet, but we believe it will be known around the world within five years. We're focused on welcoming more well-known educators to our Platform as a prelude to effectively serving students. We are excited about the potential to improve learning outcomes and to strengthen ties between lifelong learners and employers. We hope your readers and you will join us in achieving our mission of making education more accessible, affordable, transferable, and verifiable.

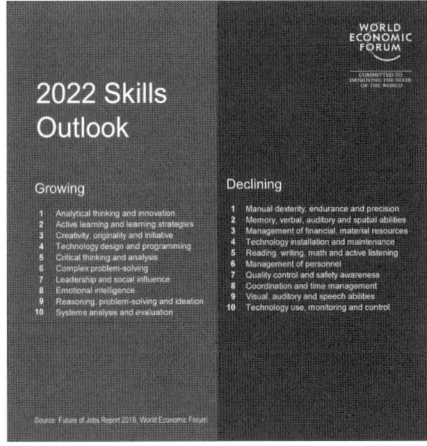

Exhibit 1: Students require 16 skills for the 21st century

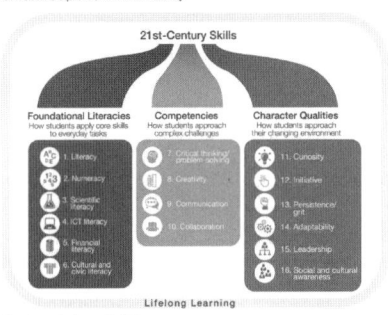

Note: ICT stands for information and communications technology.

Source: https://www.weforum.org/agenda/2016/03/21st-century-skills-future-jobs-students

イーサリアム

ブロックチェーン技術を利用したプログラムおよびプロジェクト。イーサリアムのブロックチェーン上ではアプリケーションを稼動することができるため、イーサリアムの登場により、中央による管理を必要としない分散型アプリケーションの開発が可能になった。イーサリアムを活用し、様々なプログラムが自動化されることに期待がかかっている。

仮想通貨

ここではブロックチェーンを利用した暗号通貨を指す。日本において広く知られるビットコインの場合、国家や銀行による裏付けがなく、サトシ・ナカモトという正体不明の人物が書き出したプロトコルに沿った運営がなされている。ベネズエラ政府が経済危機への対応のために発行したペトロのように、国家が発行する仮想通貨も登場している。

コワーキング

個別に働く人びとが同じスペースに集まり、それぞれ自分の仕事をしながらも、コミュニケーションを図り、お互いに情報やアイデアの交換を交えて働く労働のスタイルを指す。協働関係の構築や新たなビジネスが生まれるという利点があり、近年国内外で広がりを見せている。

シェアリングエコノミー

車や家、時間など、オーナーが持て余している遊休資産をシェアする経済活動を指す。現代においてはオンラインのプラットフォーム上で貸し手と借り手のマッチングが行われる。新たに商品・サービスを生産するのではなく、すでに存在するものを活用する点に特徴がある。

スタートアップ

起業したばかりの新興企業のこと。ただし、いかに儲けるかを重視するのではなく、困難な問題を解消して社会にどのように影響を与えるか、という点に重点を置く。例えば、シェアライドのスタートアップ・Uber は、クルマを持つ人と移動に困っている人をアプリでつなげるサービスを生み出した。それは、タクシーや公共交通機関などに固定化されていたサービスを社会全体で運営できるようにしたという点で、ひとつの革新をもたらした。このように、社会にとって大きな変革をもたらすことにスタートアップの意義がある。

スマートコントラクト

契約を自動的に締結し履行するシステムを指す。これによって、

契約が発生する毎に人が取引を承認する手間が省け、さらには確実な経済取引が行えるようになる。イーサリアムの登場以降は、ブロックチェーン上に任意のプログラムコードを書くことが可能になり、取引の安全性および確実性を保障できるようになった。

DAO

Decentralized Autonomous Organization（自律分散型組織）の略。非中央集権的な組織、管理者の存在しない組織を指す。ブロックチェーン技術とＡＩを応用することで、設定したプロトコルに沿った運営を自動で行う。管理者（経営者）を必要としない組織を作ることができる。中央の管理者への依存（手数料の必要性、取引の煩わしさ、権力の集中）をなくせる点が魅力で、ビットコインがＤＡＯの代表である。

プラットフォーム

オンライン上で、サービス・財の提供者と利用者をつなげる空間の総称、またはその仕組みを指す。部屋の貸し手と借り手をつなぐ民泊プラットフォームの Airbnb や、シェアライドプラットフォームの Uber が有名。プラットフォームの運営企業は仲介手数料から利益を得る。近年はプラットフォームを協同組合型で運営するプラットフォーム協同組合、ブロックチェーンを用いた分散型プラットフォームなど、既存のプラットフォームビジネスに取って代わろうとするオルタナティブが登場している。

ブロックチェーン

理論上データの改ざんが不可能なデータを指す。もともとはビットコインの基盤技術として開発されたが、改ざんができないこと、これにより中央による不正を防ぎ、分散型の組織運営を可能にすることから、様々な製品・サービスや組織運営への応用が始まっている。

レガシー

従来型の経営・運営を行う大企業を指す。シェアリングエコノミーの登場や、ブロックチェーン技術の発達によって非中央集権的で分散型の組織運営が可能となった今、従来型の大企業は、自ら作り上げた市場のフレームやインフラによって、臨機応変に対応できなくなっている。新たに登場したスタートアップ企業は柔軟な経済活動が行えることから、この立場から従来型組織を見たとき、レガシー＝遺産と呼ばれる。

おわりに

　ブロックチェーンの登場から10年、世界では百花繚乱のプロジェクトが動き出している。リーマンショックとほぼ同時期に登場したこの技術は、2020年以降の世界を担う新しい世代にとっての希望の一つだ。ＧＡＦＡが推進するクラウドに情報を集中させる戦略の危険性と非効率性に、多くの人々が気付き始めている。エッジコンピューティングやＤＡＯといった「分散・自律」をキーワードにした新しいアイデアとシステムが、次々と誕生しているのだ。

　こうした新時代のテクノロジーを基盤とした分散型システムに、確固たる拠り所をもたらしてくれるのが、歴史ある協同組合の協働の理念であると筆者は考えている。中央に集中した権力を分散させながらも、人と人をつなぎ、人間らしい営みを生み出してきた実績がそこにはある。

　今は各々で実践を積み重ねているように見える分散型プラットフォームとプラットフォーム協同組合だが、両者ともにプラットフォーム資本主義を超克するためのオルタナティブであることに違いはないはずだ。本書が、これらのムーブメントを前進させ、各々の取り組みのクロスオーバーを生む契機となることを願ってやまない。

　本書は「月歩双書」シリーズの第1弾として発刊された。編著者・編集責任者として齋藤の名前を置いているが、様々な人々の支えなくしては刊行に至ることはなかった。原文が英文となっている原稿については、原文のニュアンスも確認できるように英文も掲載している。訳文に誤訳があったとしても、それは編集責任者である齋藤の非才のみに責任がある。

「月歩双書」は、20 代の若手編集部によって一からスタートした プロジェクトだったが、本書が掲げたテーマに共鳴し、原稿執筆または取材協力を快諾してくださった皆様に、改めてお礼を述べたい。ヤント・チャンドラ博士は、言葉の細かいニュアンスの確認など、数ヶ月にわたって辛抱強くメールのやり取りを続けてくださった。伊藤富雄氏は原稿執筆にとどまらず、いつもエネルギッシュに新しいアイデアと情報を届けてくれている。プラットフォームビジネスで働く京都の若者たちは、仕事の合間に時間を取り、忌憚なく自分の経験と考えを語ってくれた。Fairbnb はプロジェクトが新たなフェーズを迎える大事な時期にもかかわらず、共同創業者自ら快くインタビューを引き受けてくれた。松尾匡先生には、多忙を極めるスケジュールの間隙を縫って対談企画に参加していただいた。渡辺草太氏には東京から大阪・京都までご足労いただき、ブロックチェーンが持つ可能性について語り合えたことは良い思い出だ。ＯＤＥＭチームにはＩＣＯ前からプロジェクトについての情報を共有していただいている。教育事業に携わっていた身として、心から成功を願っている。

　最後に、本書の制作に携わった全ての人々と、刊行を実現してくださった社会評論社の松田健二代表、Luna .LLC の本間一弥氏に心よりお礼を述べたい。多くの人々の協力を得て、「月歩双書」シリーズは大きな一歩目を踏み出した。

　2019 年 9 月

齋藤隼飛

◎編者紹介

齋藤隼飛（さいとう はやと）

1991 年生まれ。大阪経済法科大学で労働経済学・社会保障を学んだ後、米国カリフォルニア州で教育業に従事。米国ではマネジメントを学ぶ。ＳＦウェブメディア・ＶＧ＋（https://virtualgorillaplus.com）編集長。クリエイターチーム・ＣＰＩ（Cream Puff Indastries）代表。

「月歩双書」企画・編集：大阪労働学校アソシエ　「月歩」プロジェクト
　　　編集部：齋藤隼飛、河野公紀　顧問：生田あい

デザイン統括：Cream Puff Indastries ／表紙デザイン：松元大樹
ロゴデザイン：大山明梨／広告デザイン：浅野春美／写真：田地川直哉
英文校正 English Proofreading（第1章担当）：春名はな（Hannah Haruna）
協力：井上彼方、纐纈貴文

月歩双書の購読＆月歩メンバーシップ募集中
詳細はウェブで
https://www.geppo-moonwalk.com

お問い合わせ先：info@geppo-moonwalk.com
ご意見・ご感想も募集しています

月歩双書 01

プラットフォーム新時代　ブロックチェーンか、協同組合か

2019 年 10 月 25 日　初版第 1 刷発行

編　　者―――齋藤隼飛
装　　幀―――松元大樹
発行人―――松田健二
発行所―――株式会社 社会評論社
　　　　　東京都文京区本郷 2-3-10
　　　　　電話：03-3814-3861　Fax：03-3818-2808
　　　　　http://www.shahyo.com
組　　版――― Luna エディット .LLC
印刷・製本―倉敷印刷株式会社

Printed in Japan

「月歩双書」刊行のことば

　現代社会においては、次々に登場する新たなテクノロジーが、社会のあり方を根底から覆そうとしている。人々の価値観は"所有"から"共有"へ、システムは"中央集権"から"分散"へと移行を続けている。人々が国家や大企業に不信感を募らせるほどに、クリプトアナキズム、デジタルプルードン主義といった思想が、テクノロジーに精通した世界中の技術者たちをつないでいく。

　一方で、現代社会の急激な変化たるや、時に"正しさ"の基準を揺るがすほどの速度である。公正さと便利さを天秤にかける間もなく、私たちは日夜、新たなテクノロジー、システム、アイデアの波に晒されつづけている。

　そうした時代にあっては、未来社会のあり方について、単に「思いを馳せる」だけでは十分ではない。絶え間ない技術革新の時代に身をおく私たちは、テクノロジーが社会に与える影響について、そして人間の生き方について、時間をかけて思考を巡らせる機会を必要としている。どれだけテクノロジーが進歩しようと、その進歩が持つ意味を解釈し、活用していくのは私たち人間に他ならないのだから。

　だが、テクノロジーが与えてくれる未来像に純粋な期待を寄せるには、人々の心は疲れすぎているのかもしれない。未来社会を切り開いていくための具体的な指針となるのは、現実社会でテクノロジーに触れて生きる人々の声と、より良い世界の"可能性"を探求する人々の声だ。そして、その声を単なる聞き心地の良い楽観論としてしまわないためには、一度立ち止まり、思考し、議論を交わす時間と空間が必要である。

　「月歩双書」と名付けられたこのシリーズが、その役割を担う。"日進月歩"のテクノロジー社会で、次の一歩を踏み出すための指針となるテーマを扱い、ローカル／グローバルな知見を結集する。テクノロジーと社会思想の間に架け橋をつくり、来たる時代における社会のあり方を提示していく。

　ニール・アームストロングが当時最先端のテクノロジーを用いて月に到達し、月面にその最初の一歩を踏み出したように、私たちもまた、テクノロジーの力を得て、未来への一歩を踏み出すことができるはずだ。

　大切なことは、向き合うこと、そして、行動を起こしていくことだ。人類史に思考の痕跡を、足跡を残し、「月歩」は新たな時代に向かって次の一歩を踏み出していく。

　　　2019 年 10 月「月歩」編集部